重咨集团
CIIC

重咨智库研究丛书（2022）◆主 编：黄宗山

# 现代生态产业体系构建研究

王春——————著

时 事 出 版 社
北京

**图书在版编目（CIP）数据**

现代生态产业体系构建研究/王春著．—北京：时事出版社，2022.5
ISBN 978-7-5195-0481-6

Ⅰ.①现…　Ⅱ.①王…　Ⅲ.①生态经济—产业体系—研究—中国
Ⅳ.①F124.5

中国版本图书馆 CIP 数据核字（2022）第 054117 号

出版发行：时事出版社
地　　址：北京市海淀区彰化路 138 号西荣阁 B 座 G2 层
邮　　编：100097
发行热线：（010）88869831　88869832
传　　真：（010）88869875
电子邮箱：shishichubanshe@sina.com
网　　址：www.shishishe.com
印　　刷：北京良义印刷科技有限公司

开本：787×1092　1/16　印张：9.5　字数：168 千字
2022 年 5 月第 1 版　2022 年 5 月第 1 次印刷
定价：78.00 元

# 《重咨智库研究丛书》编委会

本书同时系《三峡库区（流域）现代生态农业体系构建及发展路径研究》（重庆市社会科学规划博士培育项目，项目编号：2019PY39）、《基于“两化”的成渝地区双城经济圈全域现代生态工业体系构建研究》（重庆市技术预见与制度创新项目，项目编号：cstc2020jsyj－zzysbAX0035）省部级基金课题部分阶段性研究成果。

# 序　言

漫漫发展长河中，谁也不能独善其身。恩格斯曾说："不要过分陶醉于我们对于自然界的胜利，对于每一次这样的胜利，自然界都报复了我们。"人类发展活动的前提是尊重自然、顺应自然、保护自然。纵观人类发展史，既是一部产业发展的历史、也是一部人类与环境经历抗争—破坏—畏惧—共生的历史。

18 世纪以来，每一次工业革命都给人类生产生活方式带来了巨大变化，可以说人类社会工业革命以来取得的经济成果比人类历史所有经济成果的总和还要高，如第一次工业革命开创了以机器代替手工劳动的新时代，第二次工业革命带动人类进入了电气时代，第三次工业革命牵引人类进入了万物互联的高科技时代。然而，高速的经济发展背后同时也隐藏着巨大的生态环境危机。二战后，随着各国追求经济复苏步伐的加快，"先污染后治理"的粗放型经济发展方式，在带动经济尤其是工业迅速发展的同时，也带来了日益严重的环境污染问题，如英国的烟雾事件、美国的光化学烟雾事件等，都对环境和人类产生了非常恶劣的影响。

因此，20 世纪 60 年代以来，人类开始反思人与自然的共生和谐关系，一些经济学家对经济继续增长是否可取和是否可行产生了疑问并试图做出理论分析，其中就诞生了诸如《寂静的春天》《增长的极限》《人类在转折关头》《人类环境宣言》等诸多脍炙人口和具有重大转折意义的研究和报告，并在 1987 年由世界环境与发展委员会向联合国提出了一份题为"我们共同的未来"的报告，报告首次提出了走可持续发展之路，并于 1992 年在联合国环境与发展大会上正式确定了可持续发展作为人类社会发展的新战略。

尊重规律、顺应自然才是人类可持续发展的灵丹妙药。党的十九大报告提出，要坚定实施可持续发展战略，建立健全绿色低碳循环发展的经济体系和建设跨越关口的现代化经济体系。习近平总书记在全国生态环境保护大会上强调要加快构建生态文明体系，加快建立健全以产业生态化和生态产业化为主体的生态经济体系。如何在可持续发展的战略导向下，构建符合新时代特征和绿色发展要求的现代生态产业体系，不仅是构建生态经济体系的重要路径，也是完善现代化经济体系的必然要求。

基于上述背景，本书主要围绕现代生态产业体系这一核心主题，分别从理论、经验、现状、典型探索、总体导向、政策建议等方面层层研究推进，以理论做底盘、以现状形势做支撑、以经验做借鉴，分别探究了三峡库区（流域）现代生态农业体系构建和成渝地区双城经济圈现代生态工业体系构建两个典型区域的典型案例，并在上述基础上形成了现代生态产业体系构建的总体导向以及相关政策建议，具有一定的理论意义和实践意义，期望对同行和业界有一定的参考价值。

全书章节如下：

第一章，理论基础。主要聚焦产业结构理论、循环经济理论、生态经济学理论、产业生态学理论、可持续发展理论等理论方面，搭建现代生态产业的基础性理论支撑。

第二章，研究进展。主要从传统产业体系的内涵和特征、现代产业体系的内涵和特征、现代生态产业体系的研究现状等方面进行分析，本书对现代生态产业体系的内涵解读等方面，为构建现代生态产业体系提供理论支撑。

第三章，经验借鉴。主要立足国内外的实践经验，从国家和地区层面、城市群层面、流域层面、园区层面出发，借鉴了一批具有代表性的国内外生态产业发展的成功经验，总结了一些共有的启示，为构建现代生态产业体系提供参考。

第四章，中国产业发展的历史、现实与未来。主要对中国经济的发展历程以及所处阶段、中国产业发展现状和主要问题以及现代产业发展的主要趋势等进行分析，为构建现代生态产业体系提供背景支撑。

第五章，成渝地区双城经济圈全域现代生态工业体系构建。主要对成渝地区双城经济圈构建全域现代生态工业体系的重要意义、工业发展基础、工业生态化水平、全域现代生态工业体系构建设想等进行分析，为构建现代生态产业体系提供典型探索参考。

第六章，三峡库区（流域）现代生态农业体系构建。主要对三峡库区

（流域）构建现代生态工业体系的重要意义、农业发展现状和短板、现代生态农业体系构建的设想进行分析，为构建现代生态产业体系提供典型探索参考。

第七章，构建现代生态产业体系的总体导向。明确构建现代生态产业体系的总体思路、构建原则、体系架构设想等。

第八章，保障性建议。主要从规划引领、组织统筹、要素支持、考核评价等方面提出保障性建议。

目录

/

contents

# 第一章　理论基础

从古至今，人类对产业发展规律的认识由浅入深，逐步形成了关于产业结构、产业布局、产业集群、产业生命周期、产业组织以及经济增长等方面的理论知识体系。从源头的角度认识和把握相关产业理论的内涵和精髓，是新形势新要求下推动产业转型升级、构建现代化生态产业体系的重要前提。因此，本章主要从相关理论的含义、演进和主要观点等方面，对产业结构、循环经济、生态经济、产业生态学、可持续发展等五个与生态产业发展相关的经典理论进行了相应的梳理和分析，为构建现代化生态产业体系奠定理论基础和支撑。

## 第一节　产业结构理论

### 一、理论溯源

起源时期：产业结构理论的思想起源可以追溯到 17 世纪[①]。英国经济学家威廉·配第首次对产业结构进行系统研究，1672 年，他在《政治算术》一书中通过考察得出“工业比农业收入多，商业又比工业的收入多，即工业比农业、商业比工业附加值高”的结论。[②] 该书为产业结构理论的诞生提供了初级理论。

---

① 刘琳：《基于产业结构理论的欠发达地区产业结构优化研究》，《学术论坛》2016 年第 8 期，第 58—62 页。

② 华桂宏：《〈政治算术〉与经济增长理论》，《南京师大学报》（社会科学版）1992 年第 4 期，第 9—14 页。

发展时期：约半个多世纪后，法国重农学派的创始人弗朗斯瓦·魁奈分别于1758年和1766年发表了《经济表》[1] 和《经济表的分析》[2]，对社会阶级结构进行了划分。1776年，亚当·斯密在其经济学专著《国富论》中明确提出：产业部门、产业发展及资本投入应遵循农工批零商业的顺序，并提出著名的三大理论：劳动分工理论、“看不见的手”理论和比较优势理论。[3] 这些探索都为产业结构理论的发展注入了新鲜的血液。

形成时期：通常认为，20世纪30年代到20世纪60年代是现代产业结构理论的形成时期。英国经济学家费希尔首次提出了关于三次产业的划分方法。日本经济学家赤松要认为本国产业发展要与国际市场紧密结合起来，使产业结构国际化，即产业发展应遵循的“雁形产业发展形态论”。科林．克拉克吸收并继承了配第、费希尔等人的观点，在《经济进步条件》一书中建立起了完整、系统的产业结构理论框架。1941年，库兹涅茨撰写了《国民收入及其构成》一书，对国民收入与产业结构间的重要联系进行了阐述。1954年，刘易斯发表了著名论文《劳动无限供给条件下的经济发展》，创新性地给出了二元经济结构模型，又于1958年全面论述了影响经济发展的经济因素以及非经济因素。

## 二、理论观点

对产业结构理论的研究，不同时期不同学者从不同的角度提出了不同的观点。详见表1-1。

---

① 王松柏：《魁奈的〈经济表〉》，《成都大学学报》（社会科学版）1982年第2期，第17—20页。

② 王慎之、肖永年：《魁奈的〈经济表〉和马克思的再生产理论》，《经济科学》1983年第1期，第45—47、52页。

③ 康珂：《看不见的手：起源、机理与反思—〈国富论〉的启示（四）》，《现代商业银行》2020年第23期，第62—65页。

**表 1－1　产业结构理论的部分观点**

| 序号 | 时期 | 专家学者 | 主要观点 |
|---|---|---|---|
| 1 | 1940 年 | 克拉克 | 提出“配第——克拉克定理”。认为随着经济发展，劳动力首先由第一产业向第二产业移动，再向第三产业移动，第一产业中就业人口比重将不断减少，第二、第三产业中就业人口比重将增加① |
| 2 | 1954 年 | 威廉·阿瑟·刘易斯 | 在产业经济发展与结构调整的过程中，工业在国民经济中的比重不断上升，农业的比重不断缩小。为促进城镇化水平的提高和城乡一体化均衡发展，农业部门的剩余劳动力将在工业部门高收益的吸引下持续迁移，在城市工业部门充分吸收农业剩余劳动力后，二元经济转变为一元经济，农业部门转化为现代部门② |
| 3 | 1957 年 | 筱原三代平 | 经济发展是一个结构问题，要重视产业结构的优化以推动经济不断增长，为优化产业结构，提出了规划产业结构的收入弹性原则和生产率上升原则③ |
| 4 | 1975 年 | 钱纳里 | 通过对产业经济的不同发展阶段进行分析，提出开放型产业经济发展的“发展型式”理论，对于广大后发展的发展中国家意义深远，提供了一个审核制定产业政策的参考价值理论④ |
| 5 | 1982 年 | 叶芳 | 分析发展中国家的农业停滞不前的原因，发现发达国家农业发展的秘诀在于知识密集与技术推广的因素，比如人才培养、社会化服务、信息流通以及大市场的需求，这些因素会逐渐取代传统的“靠天吃饭”的自然地理因素⑤ |

## 三、理论发展

20 世纪末以来，学术界对产业结构理论的研究继续深入。其中，20

① 彭宜钟：《产业结构理论综述》，《北方经济》2010 年第 12 期，第 33—34 页。

② 卜秀姣：《轮台县阿克萨来乡产业结构调整优化问题研究》，《新疆农业大学》，2018 年学位论文，第 7—15 页。

③ 杨治：《筱原三代平的产业结构理论》，《现代日本经济》1982 年第 4 期，第 38—40 页。

④ 褚葆一、杨思正：《当代美国经济新编》，《中国财政经济出版社》，1989 年，第 66—70 页。

⑤ 丁辉关：《“十一五”时期我国产业结构的发展状况及存在问题分析》，《特区经济》2011 年第 3 期，第 221—223 页。

世纪80年代以来，随着经济体制改革的逐步深入，我国开始引进产业经济学并对产业结构优化进行研究，并逐步认识到只使用传统方法将使产业结构研究受限，并开始讨论产业的新分类方法。同时，佐贯利雄的《日本经济的结构分析》、小宫隆太郎等的《日本的产业政策》和沃格尔的《日本的成功与美国的复兴》等国外产业结构调整的经验表明，后起国家可以借鉴先行国家的经验，通过政府产业政策的积极干预，主动推动产业结构的调整和升级。[①] 近年来，随着大数据化、信息化时代的来临，产业结构理论的研究方向逐步向专业化分工更加明显的产业集群、多元化特征更加突出的产业跨界融合、地域化合作更加突出的产业优化布局等方向延伸，并由单目标发展导向多目标决策、由静态理论演绎向动态实证分析、由单一产业研究向多样化产业研究等方向转变。

## 第二节　循环经济理论

### 一、理论溯源

起源时期：20世纪60年代，美国学者鲍尔丁首次提出了“循环经济”这个名词。早在环境问题刚刚凸显的时候，鲍尔丁就发现经济发展与环境问题两者之间存在着微妙的关系。他认为，地球就好似太空中一艘只依靠自身有限能源而飞行的飞船，而此处的“能源”则代表着地球上有限的自然资源。

发展时期：具有明确意义的“循环经济”一词，由大卫·皮尔斯（David Pearce）和克里·特纳（Kerry Turner）于1990年在《自然资源与环境经济学》一书中提出，他们指出循环经济的主要目的是建立可持续发展的资源管理规则，使经济系统成为生态系统的组成部分。其中，我国1998年引入德国循环经济概念，确立“3R”原则中心地位，1999年从可持续生产角度对循环经济发展模式进行整合，随后不断深入发展和应用实践。

---

① 周震虹、王晓国、谌立平：《西方产业结构理论及其在我国的发展》，《湖南师范大学社会科学学报》2004年第4期，第96—99页。

形成时期：20 世纪 90 年代之后，国际社会的两大趋势转向发展知识经济和循环经济，也标志着循环经济理论的正式形成。其中，我国 2002 年从新兴工业化角度认识循环经济的发展意义，2003 年将循环经济纳入科学发展观，确立物质减量化发展战略，党的十八大报告指出，要使经济发展更多依靠节约资源和循环经济，党的十九大报告明确把建立健全绿色低碳循环发展的经济体系作为推进生态文明、建设美丽中国的重要内容。

## 二、理论观点

对循环经济理论的研究，不同时期不同学者从不同的角度提出了不同的观点。详见表 1－2。

**表 1－2　循环经济理论的部分观点**

| 序号 | 时期 | 专家学者 | 主要观点 |
| --- | --- | --- | --- |
| 1 | 20 世纪 60 年代 | 鲍尔丁 | 宇宙飞船是一个独立系统，依靠不断消耗资源而存在，而资源是有限的，唯一让它延长寿命的方法是实现飞船内的资源玄循环，尽可能减少废物和再利用 |
| 2 | 1990 年 | 皮尔斯，图纳 | 循环经济的主要目的是建立可持续发展的资源管理规则，使经济系统成为生态系统的组成部分 |
| 3 | 2005 年 | 牛桂敏 | 把资源和能源看作经济运行的两大重要内在因子，并由此提出资源合理分配必须要以收益最大化和资源可持续利用为原则，在此基础上还要做到生态投入的最小化① |
| 4 | 2013 年 | 诸大建 | 提出以三类循环替代最初的“3R”原则，这三类循环就是废物循环、产品循环、服务循环或资产循环；从战略、科技和政策等方面为我国寻找发展符合我国国情的循环经济方式指明了前进的方向② |

① 牛桂敏：《我国循环经济发展的障碍与对策》，《环境保护》，2005 年第 7 期，第 49—52 页。

② 诸大建、朱远：《生态文明背景下循环经济理论的深化研究》，《中国科学院院刊》，2013 年第 28 期，第 207—218 页。

续表

| 序号 | 时期 | 专家学者 | 主要观点 |
| --- | --- | --- | --- |
| 5 | 2015 年 | 林秀治，黄秀娟 | 构建以生态环境管理为依托的特色农业旅游式的循环经济新模式，这种经济模式强调从环境管理体制、绿色生态经营、环境宣传教育、环境技术应用、专业人才培养等方面着手使旅游产业符合循环经济发展要求① |
| 6 | 2016 年 | 李志良 | 认为循环经济在农业领域就是建设“资源—产品—废物—再资源”的封闭循环式农业系统的经济模式，是调整农业产业结构转变、合理使用资源、着力保护生态环境、促使农业稳定健康发展的一种新型经济方式② |

## 三、理论发展

近年来，学术界对循环经济理论的研究继续深入并在以下几方面获得了一些新的探索和发展。一是构建新的资源战略保障体系。在发展新环境和新形势下，全人类要高度重视资源的有限性，通过大力发展循环经济，进一步促进资源利用方式变革和构建覆盖全社会的资源高效循环利用体系。二是推动环境保护治理由末端向全过程转变。进一步转变环境保护治理的传统思路，从过去粗放式、末端式的环境保护模式向精细化、前端化、全域式转变，做到全方位防护和全方位有效提高资源利用效率。三是注重提高发展质量和效益。通过循环经济不仅可以减少排放或不排放污染物，还可以从中培育新的产业业态、增加就业，实现经济与环境效益的统一。

# 第三节　生态经济学理论

## 一、理论溯源

起源时期：生态经济学产生于 20 世纪 60 年代，但其理论渊源至少可

① 林秀治、黄秀娟：《基于循环经济理论的休闲农业旅游生态环境管理研究》，《安徽农学通报》，2015 年第 21 期，第 128—129 页。

② 李志良：《我国农业循环经济发展研究》，《现代园艺》，2016 年第 1 期，第 27—28 页。

以追溯到古典经济学时期。[①] 马尔萨斯在1798年发表的《人口原理》中，第一次强烈地提出人口同其他生物一样，具有一种迅速繁殖的倾向。

发展时期：而后，达尔文论述生物与环境的关系时也与马尔萨斯的观点一致，并接受了马尔萨斯的一些主要观点。[②] 这一时期，资源的稀缺程度与经济增长的关系成为一个重要主题，为生态经济学理论的诞生提供了充分的理论基础。

形成时期：20世纪20年代中期，美国科学家麦肯齐首次在研究人类群落和社会时融入了植物和动物生态学，第一次将经济研究与生态学结合了起来。随后，随着《寂静的春天》出版，有关生态经济的研究如雨后春笋出现。1966年，肯尼思·鲍尔丁正式提出生态经济学概念。

## 二、理论观点

对生态经济学理论的研究，不同时期不同学者从不同的角度提出了不同的观点。详见表1－3。

**表1－3　生态经济学理论的部分观点**

| 序号 | 时期 | 专家学者 | 主要观点 |
|---|---|---|---|
| 1 | 20世纪20年代 | 麦肯齐 | 首次在研究人类群落和社会时融入了植物和动物生态学，第一次将经济研究与生态学结合了起来，首次提出经济生态学名词，主张经济分析不能不考虑生态学过程 |
| 2 | 1966年 | 鲍尔丁 | 生态经济学提出者之一，在论文《一门新的学科——生态经济学》首次提出“生态经济协调理论”和“生态经济学”概念，明确阐述了生态经济学的研究对象 |
| 3 | 1987年 | 许涤新 | 认为生态经济学的研究对象是生态经济系统，它是以生态学原理为基础，经济学理论为主导，以人类经济活动为中心，围绕人类经济活动和自然生态之间相互发展的关系这个主题，研究生态系统和经济系统相互作用所形成的生态经济系统[③] |

① 赵成美：《生态经济学理论研究的挑战与取向》，山东师范大学，2012年，第50—62页。

② 廖卫东：《生态领域产权市场的基础理论》，经济管理出版社2004年版，第12—20页.

③ 许涤新：《生态经济学的几个理论问题》，《生态经济》1987年第1期，第2—8页。

续表

| 序号 | 时期 | 专家学者 | 主要观点 |
| --- | --- | --- | --- |
| 4 | 1996 年 | 赫尔曼·戴利曾 | 出版了堪称生态经济学经典的《超越增长——可持续发展的经济学》，提出稳态经济具有四个特征：持衡的人口数量；持衡的人造资本数量；上述两个数量的持衡水平要足以使人们过上较好的生活并可延续到未来；维系人口和资本数量所需的物质—能量流通速率要降到最低的可能水平① |
| 5 | 2003 年 | 尤飞 | 认为生态经济学的一个核心问题是如何达到生态与经济的平衡，实现生态经济效益② |
| 6 | 2010 年 | 唐建荣 | 提到生态经济内涵是指在生态系统承载能力范围内，运用生态经济学原理和系统工程方法改变生产和消费方式，挖掘一切可以利用的资源潜力，发展一些经济发达、生态高效的产业③ |

## 三、理论发展

生态经济学的真正兴起和蓬勃发展是在 20 世纪 80 年代之后，1989 年国际生态经济学会成立以及《生态经济》杂志的创刊是其中一个重要的里程碑事件，并将这一理念上升到一个新的高度。进入 20 世纪 90 年代中期后，大量跨学科、跨地区的专家开始加入生态经济学的研究，促进生态经济学繁荣和发展的同时，也让生态经济学发展步入狭义和广义的分化讨论。进入 2000 年以后，生态经济学总体进入辩证发展时期，业内专家学者倡导生态经济学的辩证融合发展，并开始围绕生态承载力、生态效益评估等核心问题进行讨论，并推动生态经济学向更加应用和专业化的方向发展。如在我国，学术界探索将生态经济学理论引入到城市规划的实践之中，比如逐步出现的城市生态经济规划，提出较为适宜的城市发展方向、

---

① 赵成美：《生态经济学理论研究的挑战与取向》，山东师范大学硕士论文，2012 年，第 10—20 页。

② 尤飞、王传胜：《生态经济学基础理论、研究方法和学科发展趋势探讨》，《中国软科学》2003 年第 3 期，第 131—138 页。

③ 唐建荣：《低碳经济背景下海南主导产业的选择和发展》，《中国商贸》第 2010 年 11 期，第 66—67 页。

规模、经济发展速度、产业结构和环境保护治理的投资比例等，还比如探索通过生态经济学理论对区域生态经济功能进行分区等。

## 第四节　产业生态学理论

### 一、理论溯源

起源时期：1983 年，比利时政治研究与信息中心出版《比利时生态系统：产业生态学研究》专著，着重反映了科学家对产业系统存在问题的思考。他们认为工业社会是一个由生产力、流通与消费和所用的原料、能源以及所产生的废物等构成的生态系统，可运用生态学原理与方法研究现代工业社会运行机制。这一专著被认为是产业生态学的萌发阶段。①

发展时期：1989 年发表在《科学美国人》上的文章“制造业的战略”是产业生态学发展时期的重要文献。该文作者是美国通用汽车公司的罗伯特·福罗什和尼古拉斯·加罗布劳斯，他们指出，在传统的工业体系中，每一道制造工序都独立于其他工序，我们完全可以运用一种更为一体化的生产方式来代替这种过于简单化的传统生产方式，那就是工业生态系统。②

形成时期：20 世纪 90 年代以来，产业生态学研究与实践进入蓬勃发展阶段，各界纷纷对产业生态学开展各类研究。1991 年，美国国家科学院与贝尔实验室共同组织了首次“产业生态学”论坛，对产业生态学的概念、内容和方法以及应用前景进行了全面、系统的总结，基本搭建起产业生态学的基础框架。③

---

① 尹磊、罗瑞华：《产业生态理论发展研究述评》，《商业时代》2011 年第 7 期，第 111—112 页。

② 石磊、陈伟强：《中国产业生态学发展的回顾与展望》，《生态学报》2016 年第 22 期，第 58—67 页。

③ 王如松、杨建新：《产业生态学和生态产业转型》，《世界科技研究与发展》2000 年第 5 期，第 24—32 页。

## 二、理论观点

对产业生态学理论的研究主要集中在产业生态化和生态产业化研究方面，不同时期不同学者从不同的角度提出了不同的观点。详见表1－4、1－5。

**表1－4 产业生态化的部分观点**

| 地域 | 代表机构或学者 | 观点 |
|---|---|---|
| 国外 | 美国国家科学院与贝尔实验室 | 1991年，共同组织首次“产业生态学”论坛，基本形成了产业生态学的概念框架，强调物与物之间的关系来实现工业系统的可持续发展，也强调系统中一种工业活动的废弃物是另一种工业活动的原材料① |
| | 世界可持续发展商业理事会（WBCSD） | 1992年，向联合国环境与发展大会提交了一份题为：《改变航向：一个关于发展与环境的全球商业观点》的报告，指出产业生态的效率表现为“既要提供价格上有竞争优势的产品或服务，以满足人类的基本需求，提高生活质量，又要逐步降低对生态的影响和资源消耗强度，使之与地球大概的承载能力相一致” |
| | Suren Erkman（1999）；Allenby B. R.，Frosch R. A.（1991）；Tibbs，Hardin（1993）；Hawken，Paul（1993）；Raymond P. Cote（1995）等 | 20世纪90年代以来，基本可以归纳为三个方面：将产业生态化看作工业系统对自然生态系统的模仿；将产业生态学视为循环、流动和网络化的分析框架；将产业生态学看作产品和制造过程设计以及提高效率的一种途径 |
| 国内 | 文传浩、罗胤晨、李星林（2020）等 | 产业生态化就是将生态化理念和行动注入产业发展过程中，对产业发展过程实现“生态化”改造，以此推动现有产业及待开发新产业的绿色发展。 |

① 郭金福、张汤：《生态产业链的稳定性研究》，《大连民族学院学报》2011年第6期，第62—65页。

续表

| 地域 | 代表机构或学者 | 观点 |
| --- | --- | --- |
| 国内 | 文传浩、李春燕（2020）等 | 产业生态化侧重于产业工艺和流程再造，以科学技术为支撑，从产业间向全社会生态系统拓展，将生态产业化延伸至生产、销售、消费各个环节，通过模仿生态自循环和自净化过程，将经济发展对环境的干扰降到最低，在提供生态产品和服务的同时为自然资源的恢复和再利用留下了空间① |
| | 颜建军等（2017）、吴巨培等（2013）、曾晓文等（2016） | 提出构建生态工业园区来实现产业生态化发展路径；提出改善组织结构和生产模式来推进产业生态化；主张在生产、分配、交换、消费等各个产业环节中融入生态化等 |
| | 黄志斌（2000）和单晓娅等（2010） | 产业生态化主要按照绿色、循环、低碳的要求，把物质生产过程中的主要活动纳入生态系统循环之中，把产业活动对自然资源的消耗和对环境的影响置于生态系统物质能量的总交换过程中 |
| | 刘力（2001）、易成栋（2002）、赵林飞（2003）等 | 产业生态化是通过仿照自然生态的有机循环模式来构建产业的生态系统 |

**表1－5　生态产业化部分观点**

| 地域 | 代表机构或学者 | 观点 |
| --- | --- | --- |
| 国外 | Pearce（1981） | 提出要从社会及其生态条件出发，建立一种“可承受的经济”，避免盲目追求经济增长而导致生态与社会的双重危机 |
| | Suren Erkman（1999） | 在某一地域（或者说城市）上，多个企业相互结合，形成一定的物质循环、能量流动和价值增值等内在联系 |
| | Braden R. Allenby（2005） | 强调在生态资源的利用过程中需要环境、技术、经济等的支持来实现资源的有效转换 |

① 文传浩、李春燕：《论中国现代化生态经济体系：框架、特征、运行与学术话语》，《西部论坛》2020年第3期，第1—14页。

续表

| 地域 | 代表机构或学者 | 观点 |
| --- | --- | --- |
| 国内 | 文传浩、罗胤晨、李星林（2020）等 | 生态产业化就是对生态资源或人文资源的“产业化”转化过程，以现有生态资源（自然资源、气候资源、环境资源等）和人文资源为基础，将资源优势转化为经济优势，引入价格机制，实现资源市场化和价值增值，也表现为“生态资源→生态产品→生态产业”的转化 |
| | 文传浩、李春燕（2020）等 | 生态产业化强调生态资源的开发必须以环境承载力为上限，强调对山水林田湖草等各类生态资源的转化与应用，在此之前，需要预先设计生态产业化的运行方案，使产业化过程兼顾生态效应，达到在保护中合理开发的目标，实现生态资源的永续利用 |
| | 谷树忠（2020） | 认为生态产业化不仅是生态产品或服务的价值实现过程，也是生态系统修复为主的新业态的形成过程 |
| | 陈洪波等（2018） | 强调生态产业化的重点在于盘活资源，以市场化的方式实现生态资源保值增值，并提出生态产业化要注重生态资源的转化和应用，这是缩小区域差距的有效途径 |

### 三、理论发展

受各种因素影响，产业生态学所涉及的学科越来越多，呈现范围变大、交叉变多、趋势多元等特征。一是学科间交叉更加紧密，社会学、经济学、管理学等学科与生态学的研究交叉不断深入，并不断跟上产业生态学发展的步伐。二是研究思路和方法更加多元。随着各学科相关研究的不断推进，出现了各种新产品、新技术、新发现，进而引发更多分支的产生。

## 第五节　可持续发展理论

### 一、理论溯源

起源时期：20 世纪五六十年代，在受到经济增长、城市化、人口、资源等因素所形成的环境压力的背景下，人们开始对“增长”和“发展”之间的区别进行差异性研究。1962年出版的《寂静的春天》在世界范围内引发人类对经济增长和生态环境之间平衡的思考，此时的可持续发展理论还处于初步萌芽状态。

发展时期：1983年，联合国成立了世界环境与发展委员会。1987年，《我们共同的未来》报告提交联合国大会，在报告中正式提出了“可持续发展”的概念。

形成时期：1992年，联合国环境与发展大会通过了《21世纪议程》《气候变化框架公约》，明确发展与环境要密切联系在一起，明确提出可持续发展战略，并将之付诸为全球行动，标志着可持续发展理论的正式形成。

## 二、理论观点

许多学者就可持续发展理论的内容也分别进行了阐述，归纳起来大致有这样几种说法。详见表1－6。

**表1－6　可持续发展理论的主要观点**

| 序号 | 时期 | 机构或专家学者 | 主要观点 |
| --- | --- | --- | --- |
| 1 | 1987年 | 世界环境与发展委员会 | 在《我们共同的未来》报告中正式提出“可持续发展”的概念：既满足当代人的需求又不危及后代满足其需求的发展 |
| 2 | 1992年 | 联合国环境与发展大会 | 明确发展与环境要密切联系在一起，明确提出可持续发展战略，并将之付诸为全球行动 |
| 3 | 1996年 | 杨建文 | 认为可持续发展至少应涵盖几个关键因素：①合理开发资源；②讲究生态效益；③注重社会平等；④转变增长方式① |

①　杨建文：《可持续发展：走出传统的误区》，《上海经济研究》，1996年第10期，第42—45页。

续表

| 序号 | 时期 | 机构或专家学者 | 主要观点 |
| --- | --- | --- | --- |
| 4 | 1996 年 | 孙西克 | 可持续发展主要包括社会的可持续发展、经济的可持续发展、生态环境和资源的可持续发展，以及科学技术的可持续发展① |
| 5 | 2003 年 | 哈里斯 | 强调从生态学的角度考虑可持续性，不能仅仅止步于极限的观点，还应当考虑更为广阔的领域② |
| 6 | 2019 年 | 刘宁 | 将可持续发展理论基本内容表述为：①贫穷的根除，以便于制止资源的退化；②清洁或更清洁的工艺，以便减轻环境污染；③人口增长放慢，以使减轻人口对自然资源的压力；④环境成本内在化，以便减少有害排泄物和危险废物的处理③ |

## 三、理论发展

近年来，可持续发展理论随着世界各国在经济、社会、生态等不同学科和不同领域研究的深入，在可持续发展理论方面获得了新的发展。一是推广新理念，倡导世界各国转变观念、求同存异、共同发展。二是形成新机制，引入多种不同主体，鼓励多元化解决不同类型的全球治理问题。三是建立新秩序，携手推动现有国际经济秩序改革，改变传统的老旧秩序，建立起具有可持续发展理念的全新秩序。

① 孙西克：《可持续发展：人类的全新选择》，《经济研究参考》1996 年第 74 期，第 43—48 页。

② 邹丹：《可持续发展理论新进展研究》，武汉大学 2005 年，第 15—35 页。

③ 刘宁：《浅谈土木工程中的绿色施工和可持续发展》，《居舍》2019 年第 14 期，第 7 页。

# 第二章　研究进展

产业是人类社会分工和生产力发展的必然产物，是人类赖以生存和发展的重要支撑。三次社会大分工从实际上形成了农业、畜牧业、手工业等产业部门，三次产业革命促进了产业分工的进一步深化和细化，并逐步演化出了对产业体系的分支研究。从源头角度认识和把握有关产业体系的内涵、特征及发展演变，是新形势、新要求下构建现代生态产业体系的重要前提和依据。本章主要按递进式方式对产业体系的内涵和特征、现代产业体系的内涵和特征、现代生态产业体系的研究现状进行梳理分析，为全书打下理论前提基础。

## 第一节　传统产业体系的内涵和特征

### 一、产业体系的基本内涵

产业体系是一个国家或地区中各个产业因各种相互的技术经济联系而构成的整体。任何一个国家或地区的经济发展都是以特定的产业体系为基础，并集中表现为三次产业外部结构比例、各次产业的内部结构比例以及为社会提供产品或服务的特定方式。从研究进程看，产业体系主要经历了传统产业体系向现代产业体系转变的过程。工业革命以来，传统产业体系维系了非常漫长的一段时期，有必要对其内在机理进行相应分析，为现代产业体系构建打下基础。

**表2-1 部分学者关于传统产业体系的观点**

| 学者 | 观点 |
|---|---|
| 高培勇（2019） | 从产业活动所在经济体系形态来看，传统产业体系是指产业结构以工业为主导、产业内部结构以低端化为主的产业体系，对应于改革开放以来逐步形成的、适应高速增长的经济体系形态 |
| 杜宇玮（2019） | 传统产业体系是与传统产业活动中各经济主体的结构、行为和绩效相适应的产业体系。传统产业体系是工业文明的产物，是一种“资源—生产—消费—废弃物排放”的线性发展模式，即在生产、流通、消费的过程中，排放大量废弃物到自然环境中 |
| 张耀辉（2010） | 传统产业体系的最基本特征是技术变动相对缓慢，服务对象是工业化的生产体系，产业中企业竞争行为主要是数量扩张和数量竞争 |

我国自1978年改革开放至今，充分利用各种生产要素组合的低成本竞争优势，促进了产业体系的高速发展，也为我国经济的发展做出了巨大贡献。然而，传统产业体系中的非均衡发展策略、静态发展策略、纯代工和加工贸易策略也同时带来了高能耗、高污染、低效益、粗放型的发展模式，并在产业结构、收入分配、区域发展、生态环境方面造成一定程度的不均衡、不合理。在新一轮科技革命和工业革命的推动下，迫切需要变革调整，发展形成面向未来的现代产业体系。

## 二、传统产业体系的主要特征

产业体系是各种关系构成的有机整体，具有系统性、层次性和有序性的基本特征。传统产业体系是一定生产力发展水平下的必然产物，总体来看具有以下七个方面的显著特征。

一是产业结构方面，展现出明显的工业大而不强、服务业发展粗放滞后特征。在传统产业体系下，主要以工业作为主导地位，由于发展方式粗放，科技、创新等手段运用不到位，工业呈现出明显的规模大、竞争力弱、附加值低等特征。传统产业体系下，服务业的地位未得到凸显，尤其是生产性服务业占比偏低。

二是收入分配方面，展现出明显的居民收入分配与国民经济增长不同步特征。在传统产业体系下，主要以压低成本作为竞争优势，制造业部门工资水平整体偏低，工人工资收入水平难以提高、居民收入差距日益明显。

三是生态环境方面，展现出明显的能源资源供需矛盾和环境污染问题。在传统产业体系下，产业结构的不合理会导致环境资源要素配置和利用效率的低下，并可能对生态环境造成负面影响，进而成为经济发展的制约因素。

四是战略导向上，展现出明显的以速度和要素驱动为主的非均衡发展模式。传统产业体系具有强烈的经济快速增长目标导向和要素驱动特征，很大程度上没有注意经济发展与资源、土地、环境、空间等方面的约束效力。

五是产业内容上，展现出以低技术含量、低附加值和低创新能力的“三低”特征。传统产业体系下，产业之间的关联度低、产业链不完整，片面工业化带来滞后的城镇化、公共设施、公共服务等，欠缺整体性。

六是产业分工上，展现出产业价值链中低端，集群形态主要表现为地理上的空间集合。传统产业体系下，产业分工不健全，呈现出较强的同质化竞争、单一化发展特征，导致产业价值链不长、不互补。产业集群更多表现为和地理上的集群，资源、科技、人才等软性流动要素没有在集群中充分体现。

七是资源要素配置上，展现出政府主导、行政命令、低配错配等特征。传统产业体系由物质资本做支配，资源配置常由政府做指导，政府直接干预较多，市场竞争机制不充分，要素配置的效率较低、成效较低。

**表2-2　传统产业主要特征**

| 领域 | 特征 |
|---|---|
| 产业结构 | 展现出明显的工业大而不强、服务业发展粗放滞后特征 |
| 收入分配 | 展现出明显的居民收入分配与国民经济增长不同步特征 |
| 生态环境 | 展现出明显的能源资源供需矛盾和环境污染问题 |
| 战略导向 | 展现出明显的以速度为主、以要素驱动为主的非均衡发展模式 |
| 产业内容 | 展现出以低技术含量、低附加值和低创新能力的“三低”特征 |
| 产业分工 | 展现出产业价值链中低端，集群形态主要表现为地理上的空间集合 |
| 资源要素 | 展现出政府主导、行政命令、低配错配等特征 |

## 第二节　现代产业体系的内涵和特征

产业体系的发展演进是一个动态的过程，伴随着产业要素、产业结构和产业功能等不断优化。受世界金融危机的深刻影响、资源环境约束的不断加大、新一轮产业革命和技术变革的有力冲击，产业经济学开始高度关注虚拟经济与实体经济的协调发展问题，大部分国家和地区自 20 世纪 80 年代开始竞相建立具有高度竞争力的现代产业体系，并着力推动经济发展方式的优化和打造经济发展的先发优势。

党的十九大报告明确提出，现代产业体系的建设是中国特色社会主义新时代发展的必然要求，更是关键的战略性发展方针。现代产业体系是现代化经济体系的核心内容，也是实现经济高质量发展的必要条件。当前，我国已进入中国特色社会主义建设的新时代，正从高速增长阶段向高质量发展阶段转变，要求我们要深入贯彻新发展理念建设现代化经济体系，并着力加快建设“实体经济、科技创新、现代金融、人力资源协同发展的现代产业体系”。

面临复杂严峻的国际经济发展形势和国内经济发展新常态，发展壮大现代产业体系不仅是解放和发展社会生产力、推动经济高质量发展的内在要求，也是增强综合竞争力、增进人民福祉的基础支撑和根本保证。

### 一、现代产业体系的基本内涵

任何一个国家或地区的经济发展都是以特定的产业体系为基础，表现为特定的产业结构及其为社会提供产品或服务的特定方式，集中表现为三次产业外部结构比例和各次产业的内部结构比例。受世界金融危机的深刻影响、资源环境约束的不断加大、新一轮产业革命和技术变革的有力冲击，产业经济学开始高度关注虚拟经济与实体经济的协调发展问题。大部分国家和地区自 20 世纪 80 年代开始竞相建立具有高度竞争力的现代产业体系，并着力推动经济发展方式的优化和打造经济发展的先发优势。

### （一）各界对现代产业体系内涵的认知

现代产业体系既是发达国家可持续发展的产业形态，也是发展中国家实现赶超战略的产业形态。

发达国家：现代产业体系主要指现代服务业发展比较充分的产业构成，一般情况下现代服务业占其 GDP 的 70% 左右。① 其现代性主要表现为虚拟经济的成功、虚拟经济与实体经济的融合、服务业与工业、农业的联系更加紧密等特征，但国外并未正式提出现代产业体系的说法，更多的提法是新兴产业体系。

其他发展中国家：现代产业体系主要指农业基础稳固，制造业比较发达，第三产业发展迅速，科技进步在经济社会发展中的贡献率显著提升，整体核心竞争力不断增强的产业体系。

中国：从我国现代产业体系的提出背景看，“现代产业体系”概念更多出自于政界决策层，并伴随理论界对其的不断深入讨论和探索。从政界看，十七大报告首次提出“发展现代产业体系”；十八大报告提出“要着力构建现代产业发展新体系”；十九大报告提出“加快建设实体经济、科技创新、现代金融和人力资源协同发展的产业体系”，把现代产业体系从以往的一、二、三产业领域，按经济发展的函数关系进一步拓展到实体经济、科技创新、现代金融、人力资源“四位协同”。其中，习近平总书记从破解发展进程中的新矛盾和新问题入手，对我国经济发展新常态下的产业发展问题也做出了许多深刻论述。2015 年，习近平总书记召开华东 7 省市党委主要负责同志座谈会时首次系统阐释了构建现代产业发展新体系的内涵，即“产业结构优化升级是提高我国经济综合竞争力的关键举措，要加快改造提升传统产业，深入推进信息化与工业化深度融合，着力培育战略性新兴产业，大力发展服务业特别是现代服务业，积极培育新业态和新商业模式，构建现代产业发展新体系”。习近平重要经济思想为我国进一步构建现代产业体系、推动中国经济高质量发展提供了基本遵循和科学指导。

① 段庆林：《现代产业体系与中国西北地区转变经济发展——以宁夏为例》，《中国生态经济学会第八届全国会员代表大会暨 2012 年学术年会》2021 年 8 月 1 日。

**表2-3　习近平总书记关于现代产业体系的主要论述**

| | |
|---|---|
| 2013年3月 | 习近平同志在参加十二届全国人大一次会议江苏代表团的审议时指出，“要深化产业结构调整，构建现代产业发展新体系，抓住化解产能过剩矛盾这一工作重点，使我国经济发展提高质量、增加效益、增强后劲” |
| 2015年5月 | 习近平同志在浙江召开华东7省市党委主要负责同志座谈会时指出，“要围绕转变经济发展方式，坚持以提高经济发展质量和效益为中心，促进经济增长由主要依靠投资、出口拉动向依靠消费、投资、出口协调拉动转变，由主要依靠第二产业带动向依靠第一、第二、第三产业协同带动转变，由主要依靠增加物质资源消耗向主要依靠科技进步、劳动者素质提高、管理创新转变” |
| 2018年3月 | 习近平同志在参加十三届全国人大一次会议内蒙古代表团审议时强调，“要立足优势、挖掘潜力、扬长补短，努力改变传统产业多新兴产业少、低端产业多高端产业少、资源型产业多高附加值产业少、劳动密集型产业多资本科技密集型产业少的状况，构建多元发展、多极支撑的现代产业新体系”<br>在参加十三届全国人大一次会议广东代表团审议时强调，“要更加重视发展实体经济，把新一代信息技术、高端装备制造、绿色低碳、生物医药、数字经济、新材料、海洋经济等战略性新兴产业发展作为重中之重，构筑产业体系新支柱” |
| 2019年2月 | “要坚定不移推动高质量发展，扭住深化供给侧结构性改革这条主线，把制造业高质量发展放到更加突出的位置，加快构建市场竞争力强、可持续的现代产业体系” |

从学术界看，现代产业体系研究的代表学者主要有任保平、刘志彪、刘明宇、杜宇玮、王海兵等。

**表2-4　部分代表学者关于现代产业体系的内涵解读**

| | |
|---|---|
| 任保平（2019） | 现代产业体系是相对于传统产业体系而言的，现代产业体系具有结构优化、技术先进、清洁生产、附加值高、吸纳就业能力强的特征。构建现代产业体系实质就是要建立起具有创新性、开放性、集聚性和可持续性特征的新型经济体系，以实现我国经济结构的现代化 |

续表

| | |
|---|---|
| 刘志彪（2018） | 在供给侧结构性改革语境体系中，现代产业体系主要是指用全面乡村振兴战略稳固农业的基础，加快发展制造业、战略性新兴产业、先进制造业和高技术产业；同时构建门类齐全、品质上乘的服务业。总体要求就是能够从高速度经济转向高质量经济，提高附加价值 |
| 杜宇玮（2019） | 现代产业体系是以服务业为主导、产业内部结构以高端化为主的产业体系，对应于适应新时代高质量发展的经济体系形态。产业体系重构，也就意味着传统经济体系下的产业体系要向现代化经济体系下产业体系转变，即从经济高速增长目标下的传统产业体系向高质量发展目标下的现代产业体系转变 |
| 刘钊（2011） | 现代产业体系是在产业创新的推动下，由新型工业，现代服务业，现代农业等相互融合，协调发展的以产业集群为载体的产业网络系统，是我国转变经济发展方式的产业载体 |
| 刘明宇、芮明杰（2009）、金碚（2010） | 现代产业体系是相对于传统产业体系而言，强调产业结构在科技创新推动下不断优化升级，本质上是面向未来具有竞争优势的发达产业体系 |

### （二）本研究对现代产业体系内涵的界定

综上来看，各界对现代产业体系的含义并无完全统一的提法。最权威的是十九大报告提出的构建实体经济、科技创新、现代金融、人力资源协同发展的现代产业新体系提法。这是我们党创造性地从要素投入角度确立的产业体系建设新目标，是扎根我国发展实践、符合经济发展规律的重大理论创新。本研究以十九大报告对现代产业体系的提法为核心，结合政界、学术界对现代产业体系的内涵认知，认为：现代产业体系是立足新时代经济高质量发展的要求，以实体经济、科技创新、现代金融和人力资源协同发展为基础支撑，以高技术含量、高附加值、低能耗、低污染为发展导向，形成的以现代服务业为主导、三次产业融合升级、产业内部结构以高端化为主的市场竞争力强、可持续的产业高质量发展形态。

## 二、现代产业体系的主要特征

在分析现代产业体系内涵的基础上可看到，现代产业体系与传统产业体系的最大区别在于：产业各要素与实体经济之间的关系不再是传统的线性单维关系，而是涵盖“数量、质量和结构”的三维关系。具体看，现代产业体系的特征主要有：

一是创新性。创新是推动生产力发展的第一动力，因此，创新也是构建现代产业体系的第一要务，要从理论创新、技术创新等不同层面来突破产业发展中的瓶颈，实现产业发展目标。

二是开放性。经济全球化和区域经济一体化，客观上要求各国和各地区经济体开放市场，促进要素资源的合理流动，打造更具效率的竞争环境，而新兴产业正是在这种全面开放的环境下，利用差别优势逐渐发展起来的。

三是融合性。三次产业之间的全面融合是构建现代产业体系的必要条件。随着工业和农业的不断发展，对生产性服务业需求不断加大，服务业的价值链也因其在工业和农业生产中的作用而不断延长。当产业发展到一定程度，必然要求软要素投入进一步延伸产品的价值。

四是集聚性。依靠不断进行的空间调整，产业体系可以获得更多的正外部性，对中小企业来说，空间集聚能够有效降低生产成本，实现规模经济，扩大市场影响力。

五是可持续性。经济发展和环境保护日渐成为一个整体，现代产业体系必须符合产业发展趋势，即改变原有要素投入驱动发展模式，更多依靠科技创新和环境保护来实现可持续发展。

**表2-5　传统产业体系和现代产业体系的主要差别特征**

| 类别 | 传统产业体系特征 | 现代产业体系特征 |
|---|---|---|
| 战略导向 | 快速增长，以速度为主 | 高质量发展导向 |
| 发展方式 | 要素驱动的非均衡发展 | 创新驱动的均衡发展 |
| 产业内容 | 低技术含量、低附加值和弱创新能力的传统工业制造业为主 | 高技术含量、高附加值和强创新能力的现代服务业、先进制造业和高新技术产业为主 |
| 产业关联 | 分散孤立、关联程度低 | 互动融合、关联程度高 |
| 价值链 | 中低端 | 中高端 |
| 集群形态 | 工厂集聚的产业集群 | 创新要素集聚的创新集群 |
| 支配资本 | 物质资本 | 人力资本 |

续表

| 类别 | 传统产业体系特征 | 现代产业体系特征 |
| --- | --- | --- |
| 资源配置 | 政府主导 | 市场主导 |
| 要素配置 | 较低 | 较高 |
| 市场需求 | 满足同质化、规模化需求 | 满足多样化、个性化需求 |
| 市场竞争 | 数量竞争、价格竞争 | 创新竞争、人才竞争 |
| 产业政策 | 行政命令 | 制度性引导 |

资料来源：整理自杜宇玮：《高质量发展视域下的产业体系重构：一个逻辑框架》，《现代经济探讨》2019 年。

## 第三节　现代生态产业体系研究现状

### 一、生态产业研究现状

1. 国外研究现状

“生态”一词源于希腊文“oikos”，原意为房子、住处或家务，最初的“生态”是针对生物个体而言，主要研究生物与环境的相互关系，随后“生态”思想逐步渗透到经济社会各个领域。第二次世界大战后至 20 世纪 60 年代左右，西方国家为经济快速复苏、高速增长，与此同时所造成的如环境污染、资源耗竭等生态环境问题也逐渐显露。在此背景下，一些学者开始关注经济高速增长与生态环境之间的关系。20 世纪 90 年代以来，随着可持续发展战略的实施，对生态产业的研究日渐蓬勃。

人类深入认识经济—社会—生态关系的主要发展脉络如下：1968 年，由 30 多位西方学者组成的罗马俱乐部专门开会讨论人类目前处境和发展前景问题，并委托梅多斯等 4 人写出一份题为《论人类困境》的科研报告，后来以《增长的极限》为书名于 1972 年出版。1972 年，联合国召开人类环境会议，这是人类思考人类与环境问题的重要里程碑，并通过划时代的文献即《人类环境宣言》，并引起了人类对环境与发展问题的全面关注。1974 年，两位经济学家以《人类在转折关头》为题交了报告，这份报告和《增长的极限》一样，以复杂的计算机模式为基础，但不是整个世界作为统一体，而是按地理、文化、政治制度和发展水平的差异，把世界分为互相依存的10个区域，每一个区域在数学意义上是一个分离的系统，因而每一个区域各自有它自己的极限，区域性的崩溃可能比整个世界系统来临要早一些。但是这份报告也指出，由于对外贸易在许多国国民生产总值（GNP）中所占的份额越来越大，世界的互相依存关系越来越紧密，如果国与国之间能密切合作，经济崩溃是可以避免的。1980年，由世界环境保护组织等多个组织联合发布《世界自然保护战略》，第一次明确提出可持续发展的思想，提出应该把保护环境与人类发展相结合起来考虑，而不像以往那样绝对。1983年，世界环境与发展委员会成立，对可持续发展理论的形成和推行起到了关键性的作用。1987年，世界环发委员会向联合国提出了一份题为《我们共同的未来》的报告，报告对可持续发展的内涵做了进一步阐述，倡导在未来我们应该走出一条生态资源环境保护与经济社会发展兼顾的可持续发展之路。1992年，联合国环境与发展大会在巴西里约热内卢召开，这是人类时隔20年有关环境与发展问题的第二个里程碑，这次会议确定了可持续发展作为人类社会发展新战略，把可持续发展思想由理论变成了各国人民的行动纲领和行动计划，并通过了《21世纪议程》。以联合国环境与发展大会为标志，人类对环境与发展的认识提高到了新的高度，认识到了环境与人类发展的密不可分、相辅相成。

正是在传统产业暴露出许多弊端的情况下，生态产业应运而生、应运发展并成为历史必然。整体看，国外学术界对生态产业的研究主要集中在概念内涵、特征、功能、生态产业链、评价指标等方面。

内涵方面：1969年，美国学者艾尔斯（1969）在研究物质材料流动时，首创性地提出“产业代谢”概念，在此基础上于1972年提出更具划时代意义的“产业生态”概念。1989年，罗伯特·福罗什和尼古拉斯·加罗布劳斯（1989）在《可持续工业发展战略》中提出了产业生态学的概念，指出产业系统应学习生态系统的运行机理，建立模仿自然生态的产业系统。1991年，美国国家科学院与贝尔实验室共同组织了首次“产业生态学”论坛，对产业生态学的概念、内涵、方法、应用前景进行了系统总结。综合来看，以罗伯特·福罗什和尼古拉斯·加罗布劳斯为代表的学者认为：生态产业是一个能量、物质消耗最优化的系统，工业废物最少，一个过程的产品是下一个过程的原料，在这个系统里技术、生产、消耗得到最和谐的统一（龚仰军，1999）。

特征方面，生态产业的特征主要集中在生态性和共生性方面，如苏伦·埃尔克曼（1997）等认为，正是因为生态产业系统是自然生态系统的一部分，可以从仿生学加以构建，并且在设计和实际运行时，从系统的角度上将其与环境视为一个整体。如美国总统可持续发展委员会（PCSD）的专家组提出，产业共生体通过寻求能源与材料使用的最小化，废物最小化，建立可持续的经济、生态和社会关系。

结构方面，如艾伦比等（1995）提出资源开采者、制造者（加工者）、消费者和废物处理者是生态产业系统组成的四要素，生态产业系统模型的架构可以表述为通过系统中基本要素之间及其内部的交互作用，实现有限的资源输入和有限的废物输出。如萨尔基斯（1998）认为，除了具备物质流、能量流、价值流和信息流的功能外，生态产业系统还具有知识流和技术流的功能，其快速流动促进了系统物质流、能量流、信息流和价值流的流动速度，使整个系统的生态功能得到强化。

模式方面，对生态产业的分类主要是依据系统组成要素和地域空间两个不同的维度，如洛威等（1997）认为生态产业的构建不仅可以通过生态产业园的模式，还可跨越出这个特定的园区，在更广泛的区域内建立一定的产业链接。

生态产业链方面，如克里斯蒂安托等（2012）通过将制造和产品设计结合到物流设计中来提高供应链重构的各个方面的整合水平。尹（2016）通过对上海化工园区生态产业发展及其绩效的研究，从整合上下游产品设施、创建垂直化学品制造网络、创建设施共生网络、物流系统等三方面对构建生态产业链进行了研究。卡利米等人（2015）建立了一个基于绿色供应链特征维度的绿色供应链决策者的分类框架。

评价指标方面，如帕切科等（2013）利用主成分分析的定量筛选方法，筛选出影响评价结果的关键变量。赵浩然等（2017）采用灰色德尔菲法构建生态产业评价指标体系，把指标体系分为三个层级，二级指标主要包括经济、环境、社会、产业、管理水平五大标准，由17个定量子标准和9个定性子标准组成。

2. 国内研究现状

自20世纪80年代以来，国内学术界开始密集关注生态绿色发展、可持续发展等研究领域，并逐步将生态、产业、转型、区域等进行结合研究。20世纪80年代初，我国著名经济学家许涤新在中国创建了生态经济学，1980 年 9 月，由许涤新主持，中国社会科学院经济研究所和《经济研究》编辑部联合召开的我国首次生态经济问题座谈会，使我国生态经济学进入了理论发展和学科建设的繁荣阶段（李棕，邓光亚，2010）。1985 年，马传栋在《经济研究》上发表题为《论生态工业》的文章，成为国内早期关于生态产业方面较为系统的研究。1999 年，由苏伦·埃尔克曼编著、徐兴元翻译的第一本中文版的《工业生态学》，进一步掀开了中国工业生态学研究的序幕。

40 年来，经过我国学者的不懈努力，生态经济思想逐步深入人心，并且以前所未有的速度在我国发展并不断成熟，学术界对生态产业的研究也方兴未艾，在政界层面也得到了极大的推广和现实应用。从学术界看，目前对生态产业的研究主要集中在生态产业内涵、构成、分类、生态产业链、生态产业评估体系等方面。

内涵解读方面，王如松（1996）认为，生态产业是按生态经济原理和知识规律组织起来的基于生态系统承载力，具有高效的经济过程及和谐的生态功能的网络型进化型产业，其核心是以低能级能源替代高能级能源、低能级资源替代高能级资源。陈效兰（2008）认为，生态产业是依据产业生态学原理、循环经济理论及五律协同原理组织起来的基于生态系统承载能力，并具有较高的自然、社会、经济、技术和环境等五律协同的产业，把生态产业划分为生态农业、生态工业、生态信息业、生态服务业。鲁伟（2014）认为，生态产业是指以生态学理论为指导，基于生态系统承载能力，在社会生产消费活动中，应用生态工程的方法，模拟自然生态系统，具有完整的生命周期、高效的代谢过程及和谐的生态功能的网络型、进化型、复合型产业。罗胤晨等（2020）认为，生态产业指的是基于生态经济原理，在投入产出过程中呈现出生态化特征的相关产业及衍生业态，具体包括生态农业、生态工业、生态旅游业等。李扬杰、文传浩等（2020）认为，现代生态产业体系强调现代生态产业是生态文明社会最重要的经济基础，依据生态经济学理论，运用生态规律、经济规律和系统工程方法，仿照自然生态系统中的生产、消费、分解和还原机制，以生态产品或服务的投入、生产与产出过程中的全空间、全领域、全产业、全过程和全要素特征生态产业组织形态集合，在前述投入产出维度的基础上进一步融合了企业、产业和空间的维度。

系统构成方面，我国著名生态学家、环境科学家马世骏先生（1993）

早在1984年就提出“社会—经济—自然复合生态系统”的概念，认为系统演化的动力学机制来源于自然和社会两种力量。杨建新（1998）指出，生态产业是通过两个或两个以上的生产体系或生产环节之间的耦合，实质上是生态工程特别是食物链在各产业中的应用从而形成生态农业、生态工业和生态第三产业体系。邓南圣、吴峰（2002）认为应将产业系统与其周围的自然生态系统视为整体或一个更大的生态系统，理想的工业系统应尽可能接近三级生态系统并与自然生态系统这个更大的系统相容。李周（1998）提出，生态产业产生是基于资源耗竭和环境恶化的外部压力，而内部动力则来自于技术升级和产业升级。

分类方面，如王如松、周涛等（2006）根据生态产业的设计原则，将生态产业分为五类，即自然资源业、加工制造业、社会服务业、职能服务业和生态服务业，根据产业发展层次顺序及其与自然界的关系不同标准，生态产业可以划分为生态农业、生态工业及生态服务业。

生态产业链方面，如韩玉堂和李凤岐认为生态产业链链接的动力机制是由社会、企业的净收益、环境负外部性与资源利用率组成的（韩玉堂，李凤岐，2009）。孙丽文等人（2016）剖析了形成过程中的“推力”、“拉力”和“中间障碍”，建立了形成机制模型，为科学构建生态产业链提供了理论基础。

生态产业体系评估方面，如朱春红（2011）、杜永强（2015）从经济发展、生态环境、社会进步三个方面系统剖析，进一步选取二级指标，构建了绿色产业评价指标体系。马骍（2018）从资源、环境、经济、社会四个方面系统剖析，结合云南省近七年的发展现状和各地区的绿色经济发展情况，构建生态产业发展评价指标体系，通过对各指标权重的测算，得出云南省绿色经济发展的效果和潜力。

从政界看，改革开放以来，我国相继提出“环境保护”“可持续发展”“生态文明建设”“绿色发展”“绿水青山就是金山银山”等发展战略与理念。党的十九大报告进一步鲜明提出，我国经济已由高速增长阶段转向高质量发展阶段，要坚持可持续发展战略，建设跨越关口的现代化经济体系。2018年5月，习近平总书记在全国生态环境保护大会上将生态经济体系列为生态文明体系的重要组成之一，强调要加快建立健全以“产业生态化和生态产业化为主体的生态经济体系”。2020年3月，习近平总书记考察浙江时再次强调“经济发展不能以破坏生态为代价，生态本身就是经济，保护生态就是发展生产力。”可见，如何在可持续发展大局下，坚持“产业生态化和生态产业化”导向，构建符合新时代发展要求的现代生态产业体系，是建立现代产业体系的重要部分、是健全生态经济体系的重要路径、是建设现代化经济体系的重要组成。

3. 研究述评。国内外关于生态产业的研究已达半个世纪，涌现出了一系列多层次的丰富研究成果，可为构建现代生态产业体系提供诸多有益借鉴，但在“体系构建机理、评价体系、差异化路径”等三方面仍存有不足。一是体系构建机理方面，既有研究较少结合新时代高质量发展的新要求，对现代生态产业体系的内涵和体系构建做深入分析。二是评价体系方面，既有研究较少结合新时代高质量发展的新要求、国家绿色发展前沿指标进行系统和深入比较研究，且多为定量研究，定性研究较少。三是差异化路径方面，既有研究更多从一般性角度对生态产业体系构建进行研究，对特定区域、特殊类型地区、城市群等特殊经济地理单元构建现代生态体系的探讨仍然较少。

## 二、生态农业研究现状

1. 国外研究现状

自 20 世纪初开始，西方国家开始反思工业革命对农业文明和生态农业发展的影响。20 世纪 60 年代以来，生产成本不断上升及生态环境日趋恶化成为农业持续发展的重要障碍，一些发达国家率先推进以实现乡村振兴为目的的乡村复兴运动，人们意识到要走以生态为基础、经济与生态相统一的现代农业发展模式（Nelson et al，2010；Phillips et al，2008；et al）。20 世纪 70 年代后，生态农业进入发展新阶段，获得了普遍认可。当前，国外比较认同的是英国农学家凯利·瓦庭顿（1981）对生态农业的定义，即生态上能自我维持、低输入、经济上有生命力的，在环境、伦理、审美方面可接受的小型农业系统，并逐步衍生出生态农业的 5 种模式，即有机农业、生态农业、自然农业、生物农业、永续农业（荷瓦德，1930；威廉姆·奥伯特，1971；福冈正信，1938；比尔·莫利森，2014 译）。在此基础上，相关学者就生态农业在传统改造、发展阶段、特色塑造、体制机制等方面开展了研究。美国经济学家西奥多·W. 舒尔茨（1964）在《改造传统农业》中提出，改造传统农业的关键是要引进新的现代农业生产要素，从而使农业成为经济增长的源泉，助力实现农业现代化。美国农业经济学家约瑟·威廉梅洛尔（1966）认为，现代农业的起步时期为传统农业阶段、发展时期为低技术性动态农业阶段、升华时期为高技术性动态农业阶段。当今大多数发展中国家的农业发展都处于传统农业向现代农业转变的阶段，农业投入应多使用包括激励体制、物质投入、研究机构、服务体制和教育投资等。格雷森·J.（2007）、基尔斯蒂·格兰隆德（2014）指出，发展生态农业要依靠各国自然条件，农业生产条件和农作物特色，构建不同区域的农业生产架构、培养具有地方特色农产品。布曼德·索尼娅（2006）指出，生态农业发展需要把传统农业的优良传统和科学技术相结合。德科耶尔（2002）建议建立农业生产轮作法律制度和生态补偿机制。

2. 国内研究现状

20 世纪 80 年代开始，早期学者马世骏（1981）、孙鸿良（1993）、石山（1996）、叶谦吉（1998）等带动中国生态农业研究起步，经过 30 多年的发展实践，生态农业研究形成了丰富的理论成果。通常认为，生态农业是一种积极采用生态友好方法，全面发挥农业生态系统服务功能，促进农业可持续发展的农业方式（骆世明，2017）。围绕生态农业的转型发展，国内学术界主要从生态农业发展困境、对策和评价等方面进行研究。叶兴庆（2018）认为，目前中国农业存在的一个特殊问题是“资源环境透支”，农业现有的产能里面相当一部分是以牺牲生态环境为代价换来的，我们提倡建立“绿色生态”导向的农业补贴体系，建立健全生态效益补偿机制，包括横向的、纵向的转移支付。骆世明（2017）认为，我国与欧盟、韩日、北美等国家相比，在促进农业生态转型的物权制度、行为规范、奖罚体系、技术标准等方面还存在不少缺陷，我国需要在典型地点继续进行高水平基础性与应用型科学研究，各地还需要积极建立操作性强、体系配套的农业生态环境法治红线以及需要经济激励的生态农业绿色行动清单。温铁军（2016）认为，农业劳动力、土地等生产要素基本被其他产业定价，这是现代农业面临的重大困境，提出农业由 1.0 向 4.0 的演进思路，农业 4.0 表现出“生态化 + 社会化 + 互联网”的组织模式。翁伯琦等（2015）认为，转变农业发展方式，科技兴农尤为关键，要深化实用技术研究，结合区域发展实际实施转型升级战略。张文洲（2015）提出，通过构建制度体系、技术体系、经济体系促进农业生态化发展。于法稳（2015）讨论了农业绿色转型发展生态补偿的必要性，提出了促进绿色转型生态补偿的对策建议。伍世良（2014）提出，中国生态农业建设的五个基本问题主要集中在农民接受程度、经济规模、市场、资金和可持续发展的方向。陈培彬等（2019）、刘应元等（2016）等主要通过主成分分析法、AHP 法（层次分析法）、AHP 法与 DeIphi 法相结合等方法建立了生态农业综合评价指标体系。

3. 研究现状述评

国内外学者的前期研究可提供有益借鉴，但在“内涵体系、评价指标、差异化路径”等三方面仍存有不足。一是内涵体系方面，既有研究侧重对传统生态农业进行研究，较少结合新时代高质量发展的新要求，对现代生态农业的内涵和体系构建做深入分析。二是评价指标体系方面，既有研究侧重对传统统计指标进行评价分析，较少结合高质量发展的要求、国家乡村振兴评价指导指标、绿色发展前沿指标进行系统和深入比较研究。三是差异化路径方面，既有研究侧重从整体上对生态农业的一般路径进行考察，较少对特殊经济地理单元推进现代生态农业发展的具体方式、途径和策略进行因“空间”制宜的差异化论证。

## 三、生态工业研究现状

1. 国外研究现状

20 世纪 60 年代以来，面临经济高速增长带来的环境污染、生态失衡和资源耗竭，人类开始思考社会—环境—经济的关系并逐步提出可持续发展思想。20 世纪 90 年代以来，工业生态化开始在发达国家渐成潮流，如英国成立区域发展局专门负责包括经济、社会和环境的整体协调和长期的全面规划、比利时政治研究与信息中心出版《比利时生态系统：工业生态学研究》专著、日本以生态学的观点重新审视工业体系等。根据联合国工业与发展组织的定义，生态工业是指“在不破坏基本生态进程的前提下，促进工业在长期内给社会和经济利益做出贡献的工业化模式”。学界普遍认为，生态工业是基于产业生态化理论的多学科相互交叉、渗透、有机结合形成的新型学科，是符合生态系统环境承载能力、物质和能量高效组合利用的新型工业组合和发展形态，可以减缓资源能源消耗、提高资源能源利用率。

2. 国内研究现状

中国自 1994 年制定《中国 21 世纪议程》以来，国内学术界、政界开始纷纷开展产业生态化（含工业生态化）、生态经济体系（含生态工业体系）的理论、方法研究和实践探索。各界普遍认为，生态工业是人类在从传统产业为主的工业体系向以高新技术为基础的工业体系演变过程中，探索的具有前瞻性的、与环境友好的、体现生态效率的新型工业发展模式，对推进新型工业化发展、实现人类可持续发展具有重大意义。生态工业体系是一个复合的概念，是由社会、经济、环境等有机结合而成的复合体系，如生态学研究先驱马世骏（1984）结合系统工程的最优化方法，设计分层次、多级物质的生产工艺系统生态工程，吴伟等（2000）提出生态工业系统应是由社会、环境和经济三个子系统有机结合而成的三维复合大系统。目前，生态工业体系构建研究主要集中在产业生态化的普适性路径和部分区域性（如西部地区）路径、生态工业系统构建思路、部分省市（如海南、苏州等）和领域（如生态工业园区等）生态工业体系构建路径等方面。

3. 研究现状述评

总结发现，现有研究主要集中在生态工业的演化、特征以及单纯的生态工业系统构建和机制等方面。主要存在两方面不足：一是还较少结合十九大提出的现代化经济体系和习近平总书记提出的“产业生态化和生态产业化为主体的生态经济体系”要求，对现代生态工业体系的新动力、新影响、新演化等进行系统性论证。二是生态工业体系构建研究较为分散、不尽统一，也较少结合十九大提出的现代化经济体系和习近平总书记提出的“产业生态化和生态产业化为主体的生态经济体系”要求，对现代生态工业体系的内涵边界、对区域（尤其是城市群）现代生态工业体系的构建进行深入探讨和研究。

## 四、生态服务业研究现状

1. 国外研究现状

从20世纪末期开始，学者开始关注服务业与资源、环境之间的可持续发展关系，并主要集中在服务业对环境的影响、产品服务系统、服务业绿色化、对生态服务业的分支领域如生态旅游业等领域的专门性研究，以及从生态效应角度考虑的服务业转型升级实践。如赫尔曼等（1990）认为改善产品质量、外观和生产成本等方面的服务业发展，使得单位产品的废弃物排放减少，势必提高经济的“去物质化”程度。美国加州大学圣巴巴拉分校教授苏尚元（2006）对美国近些年来的数据研究发现，美国服务业在经济中的比重超过了60%，但是其排放的温室气体的比重却不足5%，他认为服务业发展是减缓气候变化的一个因子。梅伊坎普（1998）研究发现荷兰汽车共享服务的采用能够在很大程度上提高能源的利用效率，实证结果表明参与汽车共享的燃料利用率较汽车燃料的平均利用率高出24个百分点。图克等（2004）认为产品服务系统能够通过转变经济模式中的产业链条的互动关系达到社会经济可持续发展的目的。沃尔特（1989）认为绿色服务业能协调经济发展与环境发展，能够创造更多的就业机会，带来更低的资源消费和废弃物的排放。格罗夫等（1996）提出服务业绿化矩阵，列出不同服务业在3R基础上的绿色化努力方向。阿尔珀·阿斯兰（2014）认为，生态旅游是一种独特的旅游形式，能增加人们对自然环境了解、促进自然与经济协调发展等。

2. 国内研究现状

与国外生态服务业研究的进程类似，国内学术界对生态服务业的研究起步也相对较晚，近年来对生态服务业的研究主要集中在内涵解析、服务业与环境关系、产品服务系统、服务业绿色化发展等。如孙婷（2007）认为生态服务业是在充分合理开发、利用当地生态环境资源基础上发展的服务业，其发展在总体上有利于降低社会经济资源和能源消耗强度，主要包括绿色商业服务业、生态旅游业、现代物流业、绿色公共管理服务等。王芳（2016）认为，生态服务业是指生态文明理念下服务业的生态化发展，是在充分合理开发、利用当地生态环境资源基础上发展的服务业，是依靠现代科学技术，拓展第三产业的服务领域。不同于国外从中立角度探讨服务业与生态环境的关系，国内更多探讨不合理服务业对生态环境的不利影响，如夏晶等（2003）认为，服务业的发展对生态环境具有冲击，主要表现在水体、大气、噪音、固体废弃物以及资源破坏等方面。江平宇（2008）认为，产品服务系统是通过资源整合的方式来满足消费者需求，这种模式能够增加需求中服务的含量，减少消费中的物质流，对社会发展具有环保意义。白长虹、武永红（2001）较早从微观管理层面提出服务业也需要绿色化，认为要从投入、员工行为和产出等方面进行绿色化。多数学者多从宏观经济政策和体制层面呼吁要实现服务业的绿色增长与绿色转型，如夏杰长等（2011）呼吁国家出台相关政策支持服务业绿色化发展，服务业绿色转型的重点领域包括绿色金融，绿色物流，节能环保服务业和绿色商业等。

3. 研究现状述评

总体看，国内外学者对生态服务业的研究相对起步较晚，主要集中在生态服务业内涵、服务业与生态环境之间关系、服务产品系统、服务业绿色化发展等研究方面，但在“体系性、普适性、评价性”等方面仍存有不足。一是体系性不足。既有研究较少结合新时代高质量发展的新要求，较少结合新技术新手段等，丰富现代生态服务业的内涵和体系架构。二是普适性不足。既有研究侧重对微观、个体的分析，较少从基础理论和普适性层面概括归纳总结生态服务业体系的普适性特征。三是评价性不足。既有研究很少涉及到对生态服务业的评价指标体系，更多的是绿色评价体系，同时也较少结合高质量发展的新要求、绿色发展前沿指标等充实现代生态服务业的评价指标体系。

## 第四节 现代生态产业体系内涵解读

将生态理念贯彻到现代产业转型升级之中，建立以生态农业、生态工业和生态服务业为主的现代产业体系，成为未来经济发展的新动力。通过对传统产业体系的内涵和特征的分析，可以知道传统的产业体系已经不再适合当前的发展理念，将转向探索现代产业体系，并逐步将生态理念融入其中，逐步向现代生态产业体系方向发展。

### 一、定义

首先，就现代性而言，新兴产业一般来说代表着现代化前进的方向，是对传统产业通过绿色技术改造、绿色技术创新等手段革新后产生的。其次，从本质上看，“现代生态产业体系”的核心落脚点是“生态”二字，需要在产业转型升级中把握生态理念，牢牢树立“两山”理论和绿色生态文明发展观，构建资源循环利用的完整系统，进而推动产业高质量发展。

现代生态产业体系强调现代生态产业是新时代经济高质量发展的重要基础和引擎，依据生态经济学理论，运用生态规律、经济规律和系统工程方法，仿照自然生态系统中的生产、消费、分解和还原机制，以生态产品或服务的投入、生产与产出过程中的全空间、全领域、全产业、全过程和全要素特征生态产业组织形态集合，在前述投入产出维度的基础上进一步融合了企业、产业和空间的维度。

本文将现代生态产业体系定义为：现代生态产业体系是立足新时代经济高质量发展的要求，以实体经济、科技创新、现代金融和人力资源协同发展为基础支撑，以高技术含量、高附加值、低能耗、低污染为发展导向，以绿色生态为核心，形成的三次产业融合升级、产业内部结构以绿色化、高端化为主的市场竞争力强、可持续的产业高质量发展体系。

## 二、分类

按照现代生态产业体系的定义，现代生态产业体系是一个复合化、高级化的系统，这个体系可以从多角度多维度进行一个分类：

从三次产业结构的角度进行分类：分为生态农业、生态工业、生态服务业。比如生态农业是指通过使用现代科技成果和管理手段，以及传统农业的有效经验建立起来的，能获得较高的经济效益、生态效益和社会效益的现代化高效农业。生态工业是指是指以合理的、充分的、节约的利用资源为基础，工业产品在生产和消费过程中对生态环境和人体健康的损害最小为目标，以及废弃物多层次综合再生利用的工业发展模式。生态服务业（生态服务业中包括生态环保服务）是以防治环境污染、改善生态环境、保护自然资源为目的，进行技术开发、产品生产、商品流通、资源利用、技术服务以及工程承包的新兴产业。通过三次产业的生态化转型，构建形成健全的生态产业体系。

从历史发展的角度进行分类：分为传统产业生态化发展转型，新兴产业生态化发展突破。传统产业主要是指传统的工业和制造业，比如传统采矿业、汽车产业、纺织业等，这些产业要从传统的产业发展模式中跳出来，运用新的技术手段和绿色化发展手段，走转型升级之路，构建新的生态产业体系，呈现出低污染、高效能、高质量等特征。新兴产业则是指新兴的绿色化的、朝阳型的战略性新兴产业，比如大数据产业、生态环保服务业、文旅产业、新能源新材料产业等，这类产业主要是运用新技术、新手段、高科技等无污染、绿色化的手段进行发展，这类产业本身就具有生态化高端化的特征，主要是要进一步从产业链的角度去完善其所处的生态产业体系。

从投入产出的角度进行分类：分为生态化供给体系、生态化生产体系、生态化消费体系、生态化分解体系。与传统的投入产出体系相比，现代生态产业体系的投入产出全部以生态化作为基础，将生态的概念融入到产业的整合寿命周期内。

## 三、特征

现代生态产业是基于生产技术的进步以及经济发展理念转变的背景下，以绿色发展理念为指导，以创新驱动为支撑，注重经济、环境和社会的和谐统一，最终推动经济高质量发展的产业。现代生态产业体系有如下的特征：

一是现代性。经济高质量发展的要求，现代化经济体系的构成，是区别于传统产业的运作模式的。是运用现代化的新兴技术手段、信息手段等进行改良升级的。是运用绿色化、环保化手段进行拓展创新的。在现代产业转型升级之中融入生态理念，建立起以生态农业、生态工业和生态服务业为主的全新化现代产业体系。

二是系统性，也就是整体性的特征，是置身于社会—经济—环境系统当中的产业形态，是不能脱离系统发展的范畴。生态产业系统不以追求高额的经济效益为唯一目标，而是从社会、经济和环境三者的整体效益出发。不仅侧重于经济和生态的协调，更注重改变人类生活的质量，是在整体协调大框架下寻求发展。

三是可持续性。现代生态产业系统是可持续发展理论实践的重要一环。基于可持续指导思想，把不同时间、空间的资源进行合理配置，同时满足现代与后代的需要。不是不考虑后果，以“掠夺”的方式获取经济一时的“繁荣”，而是以“可持续”为目标，使生态产业系统健康、持续、协调的发展下去。

四是高效性。现代生态产业体系一改传统产业“能耗高”“效率低”的运行手段，努力提高资源的利用率，使参与各方充分发挥其效益。物质和能量实现多次循环利用，信息实现共享，对废弃物实现二次使用，最终使得整个地区以生态产业系统为驱动力，呈现出充满活力的高效运转态势。

五是空间性。是企业—产业—空间在区域和地理上的组合，不能脱离空间而单独发展，空间要协调、区域要协调。现代生态产业体系是以区域平衡基础为前提，促进区域之间通过相互联系、相互制约，从而达到平衡发展。

# 第三章　经验借鉴

从历史经验看，一个国家或地区进入工业化中后期后，所面临的环境压力逐渐增大、经济—社会—环境之间的相互制约关系更加紧密。充分认识产业转型升级的重要性，构建经济—社会—环境相适应、相协调的生态产业体系，是提升区域竞争力、推动经济可持续增长的重要途径。当前，我国正处在工业化后期和城镇化快速发展阶段，随着水、土地等资源和环境约束的日益加大，需用通过法律法规、政策、科技创新等手段引导市场行为和生态产业发展导向，推进新旧动能转换，朝绿色化、循环化、新兴化等方向发展。本章从国家和地区层面、城市群层面、流域层面、园区层面，主要借鉴了一批具有代表性的国内外生态产业发展的成功经验、总结了一些共有的启示，期望对构建推动现代化生态产业发展提供参考借鉴。

## 第一节　国外经验

### 一、代表性国家：美国、德国、日本

#### （一）美国

19 世纪开始，美国农业开始了较大发展，20 世纪 40 年代随着现代工业的快速发展，美国农业开始步入现代化并在 20 世纪 70 年代实现了全面现代化。随着工业化程度的日渐加深，自 20 世纪 80 年代以来，美国开始意识到水土流失、化肥农药侵害、农业耗能增加等农业发展弊端，并开始认识到农业生产和生态环境之间的密切关系。美国开始以农业生产效益效率提升与资源环境保护为出发点，以改进农作物品种结构和耕作制度为核

心，主要从发挥农业高新技术作用、强化种植业生产技术体系、注重农业资源节约和环境保护、注重减少化肥农药等化工产品投入等方面，逐步探索农业发展与生态环境相协调共生的“可持续农业”发展模式，从一定层面也可理解为生态农业发展进程的加快。具体来看，其生态农业发展的经验主要如下：

一是完善的法律法规体系作为前提性保障。1990年，美国颁布《污染预防法》，对“可持续农业”做出明确规定。随后，美国国会又通过《美国的1990年农业法》，通过立法形式积极探索建立一种可持续的、有利可图的和保护资源的农业生产体系。同时，还通过法规形式制定了对农药、化肥等的投放量标准，出台了种子法、肥料使用法、自然资源保护法、土地资源保护法、植物保护法、垃圾处理法、水资源管理条例等一般农产品种植所必须遵守的法律法规，为确保农产品质量还制定了有机农产品质量安全认证标准等。

二是有力的财政扶持作为发展性基础。从20世纪90年代起，美国便开始对农业进行“绿色补贴”试点，要求受补贴农民必须检查自身环保行为并做强制性条件设置和实行定期调查，针对表现出色的农民除此之外还会暂行减免农业所得税。同时，为了引导农场降低生产成本与保持水土，美国政府还制定了休耕补贴政策，对占全美耕地24%的易发生水土流失的土地实行10—15年的休耕，休耕期间农户将获得直接的补助补贴。其次，《2002年农场安全与农村投资法案》授权农业部通过实施土地休耕、水土保持、湿地保护、环境质量激励等方面的生态保护补贴计划，并以现金补贴和技术援助的方式，把这些资金分发到农民手中或用于农民自愿参加的各种生态保护补贴项目中。再次，美国政府对推行可持续农业发展所需的基础设施、农业灌溉、农业生态科研等方面给予了巨大资助，并设立了可持续农业科技研究推广方面的专项基金。

三是雄厚的科技实力作为支撑性后盾。1988年，美国政府提出了“LISA”计划即“低投入持续农业计划”，1990年，又提出了“HESA”计划即“高效持续农业计划”，开始探索一种以环境保护为主攻目标、依靠科学技术进步的农业生产体系，并先后在3万多个农场试行。同时，美国十分注重开展作物轮作、休闲轮种、网络化技术等一系列技术试验与推广研究，并支持一大批农业科学家参与了生态农业技术的试验研究活动。其次，在解决农业面源污染领域，还开创了BMPs即最佳管理措施，着重于污染的源头管理，在农业机械领域，还研究开发了利用3S技术的精准农业机械等。

### （二）德国

二战后，德国工业发展迅速，但工业大发展的同时也带来了严重的资源浪费和环境污染，并在20世纪70年代达到顶峰。为此，德国开始正视工业化带来的生态环境破坏问题，采取各种措施推动工业向集约型、生态型发展，并最终推动工业化进程走在世界前列，在推动生态工业发展方面取得明显成功。具体来看，其生态工业发展的主要经验如下：

一是改造建设莱茵—鲁尔工业城镇密集区。德国在对莱茵—鲁尔工业城镇密集区的改造中主要采用了大力调整工业布局、进行生态环境修复改造、保留具有历史发展轨迹的建筑和遗迹、创造优良的人居环境等手段。如在调整工业布局方面，主要把不具备比较优势、环境污染大的产业外迁或停产、转产、限产，以发展高新技术产业和技术含量高的制造业为主。在生态环境修复改造方面，主要通过复垦煤矿、填埋矿坑、平整土地、建设公园绿地等方式进行生态修复，绿地率从1956年的8%左右提升到2000年的24%左右，通过再造昔日的矿区变为肥沃的农业地区，成为了城镇和工业区之间的隔离缓冲地带。在保留建筑遗迹方面，如保留杜伊斯堡内港的古老仓库河港口装卸设施等，打造工业遗产旅游路线。在人居环境方面，主要在乡村进行系统的住宅区规划建设，社区之间、社区与大城市之间有大片的绿地相隔，人居环境优美。

二是大力发展循环经济。二战后，德国在工业高速发展的同时，工业废弃物的排放量巨大，据不完全统计20世纪70年代末德国的垃圾堆放场约5万多个，工业发展所引起的环境问题已严重影响到正常的生产生活。在这一背景下，德国开始推行循环经济发展战略，主要通过垃圾回收再利用、加强技术创新、重视节能减排，做到减少垃圾问题和能源消耗，进而促进经济增长和工业转型升级。德国循环经济的模式大致可以分为三类。一是工业企业内部的循环模式，即企业原材料能源的清洁利用及生产过程中的清洁排放。二是生态工业园区的循环模式，即不同企业之间为了避免或减少生产给社会环境带来的不利影响而联动起来，共享能源、水、材料等资源，不断研发新的生态技术和再循环技术以高效利用能源等。三是社会层次的循环模式，德国是最早提出循环型社会的国家，即在全社会范围内实行循环经济发展方式，其中包装物双元回收系统（DSD，Duales System Deutschland）最具代表性。

三是建立完善的法律法规体系。德国于1972年颁布《废弃物处理法》，1986年颁布《废弃物限制及废弃物处理法》，1991年颁布《避免和回收包装品条例》，1994年颁布《循环经济与废弃物管理法》，随后又相继颁布《循环经济法》《可再生能源促进法》等一系列法律条例，通过在各个行业规制生产者的行为。至今，德国从联邦到各州有关的法律多达8000余部，建立起了世界上最完备最详细的环保法律体系。同时，在完备的法律法规体系保障下，德国重视环保法律的实施力度和效用，专门配备了“环保警察”，其中包含了对取样进行化验分析的专家和在一线实施救援的消防队员等，力争最大限度减少污染带来的损害。

三是完善相关的支持和约束性政策。在颁布了一系列法律条例的基础上，德国还制定了一系列相关的支持配套政策。如排污收费政策，主要是向废弃物的排放者收取费用的一种惩罚政策；金融支持政策，在发展工业循环经济的过程中，为推进循环经济的进程、加快相关技术和设施的完善，联邦德国银行会为一些符合要求的环保项目提供优惠贷款等；产业扶持政策，主要重视对发展工业循环经济的相关企业的扶持，在这一政策上最具有代表性的是包装物双元回收系统公司，政府为鼓励其发展对其实行了减免税等优惠政策。绿色税制政策，该政策是德国在发展工业循环经济过程中较为突出的一种税制，在这一税制的引导下，企业在生产过程中所发生的任何不利于环境保护的生产活动都会被征收附加税，对于生产过程中过度开发利用自然资源、破坏环境等任何危害自然环境的企业，政府会对其征收生态税，另外德国政府还对积极进行技术改革和工艺创新的企业实行减免税优惠，规定安装环保设施的企业可以在3年内享受免征固定资产税3年的优惠待遇。

四是延伸生产者责任制。发展工业循环经济的根本是从原材料的使用上入手，在生产过程中的每一个细节都以节约资源保护环境为前提从事生产活动，而企业生产者在从事生产活动时，很少考虑从源头控制原料的选购进而减少废弃物的排放。因此，为从根本上解决废弃物产生问题，采取了明确生产者责任的做法，政府会根据各个企业对该制度的落实情况进行监督，对责任落实好的会给予奖励。

五是加强全民环保宣传教育。德国政府采取了很多措施，比如通过舆论媒体等倡导消费者进行绿色消费，积极开展全社会层面的循环经济推广，增强社会各阶层对循环经济的认识，促使企业、非政府组织参加到环保活动中，不断鼓励民众参加环保活动，培养他们的环保意识。同时，德国政府将循环经济这一概念引入到中小学教育中，让青少年在接受教育的同时自觉意识到环保的重要性。1994 年后德国还组建了环保教育中心，主要培养废弃物经济顾问。

### 专栏 3－1　德国鲁尔区工业生态化转型的演变

德国鲁尔工业区是以煤炭和钢铁为基础、以重化工业见长的重工业区，二战前由于煤炭资源丰富，钢铁市场需求强劲，就业情况良好，人们生活水平日渐提高。随着战争的爆发及结束，战败后的德国经济一派萧条，加之煤炭资源的日趋枯竭，重化工经济结构的弊端越发明显，传统的煤炭工业和钢铁工业开始走向衰落。20 世纪 60 年代，鲁尔区开始进行调整工业结构与布局。鲁尔区的工业结构转型大体上为三个阶段：

第一阶段为 20 世纪 60 年代。首先由政府引导制订调整产业结构的指导方案，通过提供优惠政策和财政补贴对传统产业进行清理改造，强调减少资源消耗和废弃物的循环利用，并投入大量资金来改善当地的交通基础设施、兴建、集中整治土地，为下一步的发展奠定基础。

第二阶段为 20 世纪 70 年代。主要通过资金和技术的支持，逐步在当地发展新兴产业，逐渐开始结构升级转化。

第三阶段为 20 世纪 80 年代至今。德国联邦和各级地方政府充分发挥鲁尔区内不同地区的区域优势，形成各具特色的优势行业，实现产业结构的多样化。

通过清理改造和产业结构调整，鲁尔工业区从以煤炭和钢铁工业为中心的资源型生产基地，转变为以煤炭和钢铁生产为基础、以电子计算机和信息产业技术为龙头，多种行业协调发展的新型经济区，成功从传统工业转变为现代生态产业区，产业结构调整取得明显成果。

资料来源：曲成彬：《辽宁省资源型城市环境问题对策研究》，东北大学博士论文，2006 年；李刚：《发达国家“铁锈地带”的转型治理实践与我国复兴路径》，《上海城市管理》2017 年第 1 期等。

**专栏3－2　德国包装物双元回收系统**

德国DSD是一家民间非营利组织，专门负责对包装废弃物进行分类回收处理及再循环利用。该系统建立于1990年，由包括零售、日用品生产等的95家公司提出并发起。到目前为止，加入双元回收体系的公司有116万多家，约占包装企业总量的90%。该系统的操作流程是：企业将相关的包装废弃物委托给DSD公司，在接受委托后系统内部会对这些废弃物进行分类，在能够回收的包装物上标记绿点，这个绿点表示该包装物为可回收包装物，在消费过程中，当消费者看到标有绿点的包装物时会将其放入特定的分类垃圾箱，最后由企业统一回收，所以DSD系统又称“绿点系统”。DSD公司也是通过“绿点”标志进行收费。在DSD系统的推动下，德国包装废弃物的使用周期大大延长，经过对包装物的回收再利用企业的生产成本大大减少、社会资源得到了充分利用。

资料来源：王样、于东玖：《社会创新驱动的工业废弃物升级利用设计研究》，《生产力研究》2017年第5期。

### （三）日本

二战后尤其是20世纪50年代以来，日本经济开始复苏并以重化工业作为主导产业，但经济飞速发展背后却带来了环境的严重破坏，并反过来制约了经济的发展。面对经济高速增长导致的环境恶化和资源耗竭，特别是自经济泡沫破灭以来，日本逐渐认识到生态产业作为一种全新的经济增长模式，是实现可持续发展的有效途径。具体来看，其主要经验如下：

一是法律法规和政府政策的约束和支持。2000年6月，日本颁布了《循环型社会形成促进基本法》。随后，又先后颁布了《家电循环法》《汽车循环法案》《促进容器与包装分类回收法》《绿色采购法》等，推动构建生态产业法律体系，对工业生产和生态市场进行强制性约束。另一方面，日本政府将“产业振兴”和“环境保护”政策结合在一起，全国上下大力培育和引进环保产业，并在全国范围内开展各种类型的生态产业项目。

二是建立以静脉产业为主的生态产业园区。日本现有的大部分生态产业园区都是以废弃物再生利用为主要功能。这些废弃物包括量大面广的生活垃圾和工业废弃物，如废木材、废塑料、废旧家电、办公设备、报废汽车等。[①] 总体看，日本生态产业园区内的产业活动主要以废弃物再生利用为主，但是从所利用的废弃物种类看，园区之间还是存在差别的，即各个园区都有自己的主体方向，并会根据地域和产业发展的不同将不同类型的园区分布在不同的区域。同时，日本生态产业园区内还会开辟专门的实验研究区域，共同研究废弃物处理技术、再利用技术和环境污染物质合理控制技术，为企业开展废弃物再生、循环利用提供技术支持。[②]

三是注重环保研发和技术创新。日本政府积极推行《能源环境技术创新战略2050》等创新战略，不断扩大技术创新领域。例如，通过创新制造工艺，将化学品制备过程的能耗减少20%—50%；研发先进的制氢、储氢和氢燃料发电技术和大规模发展氢能供给技术，构建零排放氢能社会等。2008年，日本政府出台《研发力强化法》，从法律层面为环保技术创新保驾护航。

四是倡导全民树立绿色生态理念。日本政府注重相关法律和政策的宣传引导，强调加强民众对绿色产业发展的理念认知，同时善于利用生态工业园载体加强宣传推广力度。例如北九州生态产业园区内除各项废弃物再生利用设施外，还具有以下功能：如举办以市民为主的环境学习，举办与环境相关的研修、讲座，接待考察团，支援实验研究活动，园区综合环境管理，展示环境、再生使用技术和再生产品，展示、介绍市内环境产业等。[③]

## 专栏3-3 日本北九州地区现代生态工业体系构建

北九州市是1963年由九州北部5个中小城市合并而成的城市，是日本重要的煤炭资源地，也是日本重工业的发祥地。在二战后经济高度成长时

① 齐宇、李慧明、王军锋：《日本发展生态产业的动因分析》，《现代日本经济》2008年第2期，第11—14页。

② 范连颖：《日本循环经济的发展与循环经济的理论思考》，中国社会科学出版社2008年版，第95—125页。

③ 齐宇、李慧明、王军锋：《日本发展生态产业的动因分析》，《现代日本经济》2008年第2期，第11—14页。

期（20 世纪 50—70 年代），北九州经历了高速发展。但重化工企业的排放物严重污染了大气和水域，北九州一度成为以“七色天空”和“死海”闻名的日本污染城市的代表。面对日益严重的环境污染，日本开始重视生态工业园区的建设。其中，北九州市率先采取了防治公害的对策，并先后实施了包括缔结防止公害的协议、疏浚洞海湾、设置公害监视中心、建设污水处理厂等一系列措施，企业也逐渐设置污染防治设备、引进清洁生产技术。经过努力，北九州市终于由“七色烟城”变成“星空城市”（北九州市 1987 年被日本环境厅评为“星空城市”），北九州生态工业园也成为全球生态工业园的典型代表之一。

北九州生态工业园主要设立三大区域：

一是验证研究区。在该区域内，企业、行政部门和大学通过密切协作，联合进行废弃物处理技术、再生利用技术的实证研究，从而成为环境保护相关技术的研发基地。例如，具体的实验项目包括废纸再利用、填埋再生系统的开发、封闭型最终处理场、完全零排放型最终处理场、最终处理场早期稳定化技术开发、废弃物无毒化处理系统，以及豆腐渣等食品化技术、食品垃圾生物质塑料化等多项实验研究。

二是综合环保联合企业群区。区域内各个企业相互协作，开展环保产业企业化项目。区域内主要汇集了废塑料瓶、报废办公设备、报废汽车等大批废旧产品再循环处理厂，并通过复合核心设施，将园区内企业排出的残渣、汽车碎屑等工业废料进行熔融处理，将熔融物质再资源化，同时利用焚烧产生的热能发电，提供给生态工业园区的企业。

三是再生利用工厂群区。该区域分为汽车再生区域和新技术开发区域。汽车再生区域是由 7 家汽车拆解厂集体搬迁而形成的，通过共同合作，实施更为合理、有效的汽车循环再利用。新技术开发区域是当地中小企业和投资公司较为集中的区域，市政府通过制定优惠政策，吸引一些小型废弃物处理企业进入该区，扶持中小企业在环保领域的发展。

资料来源：赵庆洋：《国家生态工业示范园区发展状况与案例分析》，《中国高新区》2013 年第 8 期。王崇梅：《以静脉产业为主导的日本生态工业园循环经济模式研究》，《科技进步与对策》2010 年第 3 期等。

## 二、代表性城市群：荷兰兰斯塔德城市群

兰斯塔德城市群位于荷兰莱茵河三角洲，是欧洲人口密度最高的地区，是荷兰最为发达的地区，是仅次于伦敦、巴黎、鲁尔的欧洲第四大城市群。兰斯塔德地区围绕地势低洼的“绿心”进行城市开发，从而形成一个独特的马蹄形状城市群。随着城市化的发展，“绿心”人口不断增长，大面积的森林也因城市盲目扩张被破坏，海水倒灌、洪水威胁、水环境恶化等问题日益突出，严重影响到城市群的生产生活。自二战以来，荷兰政府采取了一系列措施促进兰斯塔德城市群环境治理和系统产业发展，取得了较好的效果。其主要经验如下：

一是建立区域性协调机构。1950 年，荷兰政府建立了中央、区域和地方政府三个层面的区域合作协调机制，严格保护“绿心”的生态资源和环境，着重突出区域可持续发展。1951 年，荷兰政府成立国家西部工作委员会，专门负责兰斯塔德地区协调发展，对兰斯塔德地区进行空间规划，解决该地区空间需求问题。1990 年，兰斯塔德地区所有的省和主要城市共同建立了地区性的公共组织—兰斯塔德地区局，旨在提高地区的整体环境质量，并转变现有发展方式，将兰斯塔德地区发展成为欧洲的物流中心。随后，荷兰国家层面、省政府层面、4 个核心城市相关行政机构共同组成了“绿心平台”，通过平台进行国家政策的监督和执行工作，例如要求该地区的任何开发项目都要以自然资源的承载力为基础，且任何开发项目都应包括一个提高景观质量的区分体系，同时“绿心平台”还提供旅游、休闲等产业服务平台，合作开展经济效益高、资源环境消耗小的产业体系。1998 年和 2000 年，荷兰分别成立了由中央政府、兰斯塔德四省及 4 个最大城市组成的兰斯塔德管理委员会和由兰斯塔德 4 个最大城市组成的三角洲大都市联合会。2011 年，北荷兰省、乌特勒支省和弗莱福兰省积极推动省区合并。整体看，兰斯塔德城市群通过强大的组织能力，建立起了有效的区域性合作模式，并通过国家、地方政府和非政府组织通力合作促进发展。

二是制定国家空间规划。兰斯塔德“绿心”位于兰斯塔德城市群中央，对工业、物流业等产业具有很大的吸引力，编制和实施空间规划来发挥“绿心”在城市发展与自然环境中的协调作用至关重要。荷兰政府在 1960 年、1966 年、1973 年、1989 年、2000 年先后编制了五个空间规划，

兰斯塔德地区一直都是每次空间规划的重点，而兰斯塔德地区的“绿心”又是其重中之重。尤其是1989年，在可持续发展思想指导下，荷兰编制了第四个国土空间规划（1991年修订），这次规划将生态环境放在突出位置，强调经济重构的同时必须重视环境保护，建设紧凑型都市，策略性开发大面积区域公园，服务邻近拥挤的都市区。2000年，荷兰编制第五个国土空间规划，将兰斯塔德空间细化为基础层、网络层和应用层3个层次的功能区，基础层主要考虑自然环境条件，包括自然、物质和生态条件，网络层主要考虑基础设施网络建设，主要包括公路、铁路、水路、管道和下水道、港口、机场、中转站和数字网络，应用层是指人们的生活、工作和休闲场所，同时第五次规划引入了“红线”与“绿线”概念，红线表示建成区即工业区和都市区，绿线表示农业区和景观区、自然保护区、历史文化遗产区等生态功能区，红线和绿线之间为过渡地带，通过“红线”与“绿线”概念进行功能分区，进一步强化了“绿心”生态功能。

三是推动地区内功能分区与产业分工。荷兰政府在兰斯塔德地区的土地规划利用中一直采取比较严格的产业区位政策，即考虑产业空间布局，以形成区域间错位发展、功能互补的产业分工网络，这有利于形成具有竞争力的产业空间优势，也能保持兰斯塔德地区空间的多样性和差异性。其中，工业区主要提供工业产品，农业区主要提供农产品，都市区主要提供服务产品，生态区主要提供生态产品，各区域各司其职，生态区和农业区主要位于兰斯塔德城市群中心的“绿心”地区，“绿心”周围是农牧业、园艺业、防护林等绿色缓冲带，工业区、都市区等围绕“绿心”呈独特的环状布局。[①] 此外，兰斯塔德地区特别是其四大中心城市的产业分工明确，注重形成区域差异发展、功能互补的城市网络，如首都阿姆斯特丹是荷兰最大的城市，其功能定位是荷兰的金融商贸之都和欧洲的国际物流枢纽，主要发展金融、贸易、旅游和文化产业；如鹿特丹拥有世界最大的港口，是国际航运枢纽和国际贸易中心，主要发展物流贸易、临港制造业、会展旅游业。

四是出台一系列法规和政策。20世纪90年代以来，荷兰出台了一系列法规及政策保护和恢复“绿心”，进入21世纪后，又颁布了《国家绿色地区结构规划》《国家空间战略》等新政策、发布了《2040年兰斯塔德战略议

① 王玉明：《荷兰兰斯塔德城市群环境合作治理的经验》，《中国名城》2017年第7期，第85—90页。

程》等。其中，《国家空间战略》对第五次国家空间规划及其补充文件、《第二次国家绿色地区结构规划》和《国家交通与运输规划》进行了整合。

## 三、代表性流域：密西西比河流域

密西西比河是美国流程最长、流域面积最广的河流，是世界第四长河，整个流域覆盖美国31个州和加拿大2个省的部分地区。流域内有丰富多样的矿产资源，便捷廉价的航运资源以及得天独厚的农业资源。18世纪末到20世纪后期，由于土地开发等原因，密西西比河流域河流水质日益恶化，到20世纪后期形势已非常严峻。20世纪80年代以来，联邦和流域各州采取了一系列措施出台政策、加强合作、完善流域一体化发展，形成了统一协调、多方参与的流域共治体系，并从一定程度上优化了产业发展与生态环境之间的关系，并取得了明显成效。其主要经验如下：

一是建立流域协调共治机制。20世纪80年代起，美国开始在流域内协调各利益相关方力量以解决最突出的环境问题。如1996年颁布了《流域保护方法框架》，主要加强社区之间、流域之间的合作治理。同时，为加强联邦部门及密西西比河流域各州间的协调合作，1997年，美国环保局牵头成立了密西西比河/墨西哥湾流域营养物质工作组，参与部门包括美国环保局、农业部、内政部、商务部、陆军工程兵团和12个州的环保农业部门，并下设相关协调委员会和工作机构。其中，由于农业面源污染对富营养化的重要影响，在工作组和协调委员会中美国农业部的代表人数最多，相关协会如密西西比河上游流域协会、密西西比河上游保护委员会、密西西比河上游供水联盟、密西西比河下游保护委员会等也在其中。

二是完善政策法规保障体系。早在1879年，美国国会就成立了密西西比河委员会，成为密西西比河明确的开发和管理机构，主要致力于研究密西西比河的开发治理。20世纪60年代，美国国会又先后制定了《洪水保险法》《水资源规划法》《洪水灾害防御法》《灾害救济法》《美国的洪水及减灾研究计划》等一系列全国性法规，通过实施综合的管理和开发政策，统筹规划长期治理。2015年，密西西比河下游保护委员会（LMRCC）编制了《美国最大河流修复计划》，重点关注保护和提升流域栖息地的数量、质量和多样性，恢复洪泛平原的自然水文和连通性，强调了生态环境的重要性。科学规划和综合治理为政府组织高效有序管理、进行合理开发提供了法律依据，也为流域经济发展和生态保护的协调关系提供了助力。

三是实施排污许可证制度。通过实施国家污染物排放消除制度许可证项目，美国建立了排污许可证制度并成为密西西比河流域点源污染控制的最主要手段，密西西比河沿岸各州的污染控制局、自然资源局或者环境保护局负责各州排污许可和水质项目，并对密西西比河沿岸的市政污水系统和一般工业点源进行管理，通过上述举措使密西西比河流域的工业和市政等点源污染得到了有效控制。据不完全统计，密西西比河干流沿岸污水处理厂数量占到全美的25%以上，通过建设污水处理厂并实施排污许可制度，有效促进了流域水质改善，但下一步仍有待进一步统一沿岸各州各段的水质标准。

四是促进产业现代化转型。通过产业转型升级，服务业逐渐取代制造业成为密西西比河流域经济的主要产业，且具有竞争力的制造业逐渐集中在食品工业、原材料产业和装备制造业，并不断通过节能减排、绿色循环等手段促进产业结构持续优化。另外，随着产业不断转型升级，流域内的生态环境得到持续改善，从侧面带动了旅游业的发展，旅游业也为密西西比河沿线地区提供了大量就业岗位和收入，也促使了流域地区内物种丰富度的回升。

五是完善流域监测和评价体系。为协调各州利益以及提高流域保护的统一认识，美国推行并逐步完善系统和协同一致的水质监测和评价。为支持开展系统和协同一致的水质监测，美国环保局、水质监测委员会、农业部等合作建立了水质门户网站，并整合了联邦、州、部落和地方400多个管理部门的公开数据，长期监测流域水质和富营养化情况，并设立了相关的流域监测协作项目以推进专项减排监测评估工作。

## 四、代表性生态产业园区：丹麦卡伦堡生态产业园、美国布朗斯维尔生态工业园区和查塔努加生态工业园、瑞典罗森戴尔庄园生态农场

### （一）丹麦卡伦堡生态工业园

丹麦卡伦堡是位于丹麦北海海滨的一个仅有2万居民的工业小镇。丹麦卡伦堡绿色循环工业园是目前国际上运行最成功的生态工业园之一，是

产业生态实践的典型代表。卡伦堡生态工业园以事实产业生产系统为操作原则，将园区内的工厂联系起来形成产业共生模式，即一家工厂的废水废气等成为另一家工厂的原料和能源，以达到物料循环，这种产业共生模式取得了显著的经济效益和环境效益。其主要经验如下：

一是建立共生的生态工业产业链。卡伦堡生态工业园早期的工业共生是当地几家重要企业为了节约成本、增加收入、保持水和能量的稳定供应等相互利用废水、废气方面的合作，并自发形成的工业共生交换系统。直到20世纪80年代末，这种共生现象才被社会各界广泛注意到，并对这一共生现象做深入研究和推广。在这个过程中，主要在市场机制的带动作用下自发有机结合，并在政府随之的支持下带动结合，吸引越来越多的企业参与进来，达到多产业的生态融合，最终形成运行高效、结构链完整的工业共依共存的生态链环境。

二是生态工业系统和循环经济模式为企业带来了利润和收入。卡伦堡生态工业园资源共享和互换模式的成功是建立在商业基础之上，企业的性质本质上是营利，以产品销售、以物易物或者协作交换等方式的合作都要为企业带来收益，这是园区内企业间的相互信任和合作的基础。当地政府在生态工业园区的构建中也强调了企业间的合作以及与政府的合作必须是自愿和主动的，在政策推行过程中必然不能单纯以生态化为原则，不能片面追求生态效益。

三是政府和企业间的良好合作关系。在产业共生的过程中，卡伦堡政府并没有从一开始就干预到工业共生中去，而是基于卡伦堡工业园中企业合作的需要分阶段给予相关支持，并成立了卡伦堡工业发展机构和环境俱乐部提供资金和政策支持，减少企业之间共生合作的障碍。如在工业园区生态工业项目的推进过程中，市政当局和发电厂、炼油厂等合作，促成了采暖管道和其他管道的联合利用，不仅提高了资源利用效能，也推进了生态工业的发展进程。

四是有效的政策调控。一方面，卡伦堡政府注重通过税收政策减少排放。市政府按照数量对各种废物征收排放税，并逐步提高排放税率，迫使企业尽力回收利用与整合资源，如发电厂为了降低二氧化碳税，替换煤燃料后产生的废弃物石膏更好满足了石膏板制造商对石膏的需求，形成了发电厂和石膏板制造商的上下游产业链。另一方面，卡伦堡政府也注重建立相应的补偿机制。市政府注重对循环经济和生态工业园建设给予一定的税收优惠或补偿，如会对减少污染排放的企业给予直接经济奖励。再次，卡伦堡政府也会通过一些禁令的方式减少排放，如市政府明确禁止制药厂将污泥直接排入大海，推动制药厂免费将污泥输送给农场使用等。

### （二）美国布朗斯维尔生态工业园区、查塔努加生态工业园区

美国生态工业园区发展起步较早，20 世纪 90 年代，生态工业园区作为一个新兴工业生产理念在美国就引起了政府、科研机构及市场企业的高度重视，为促进生态工业园区发展，美国还在总统可持续发展委员会下面设立了“生态工业园区特别工作组”，目前也已形成了一系列典型的生态工业园区，并以马里兰州的费尔菲尔德、弗吉尼亚州的查尔斯角、得克萨斯州的布朗斯维尔和田纳西州的查塔努加等生态工业园区为代表，此处主要介绍布朗斯维尔和查塔努加生态工业园区经验。

得克萨斯州的布朗斯维尔生态工业园区位于美国与墨西哥交界处，范围扩展到墨西哥马塔莫罗斯。该园区属于典型的虚拟园区，即不要求所有的成员都在同一地区，主要通过建立计算模型和数据库的方式形成成员企业间的能源联系，园区内企业与园区外企业共同构成一个不受地域限制的虚拟共生体系，达到内外循环和平衡的体系。这类虚拟生态工业园区可以省去一般建园所需的土地、设备购置、迁址等，但相对于一般园区可能需要承担更高的运输和物流费用。布朗斯维尔生态工业园区拥有自己的数据库，数据库中记录有虚拟园区内企业生产的产品及废弃排放物数据，园区会聘请相关专家对数据库中的废弃物进行科学分析，并找到使废弃物达到循环利用的上下游企业链，建立相应的工业共生系统。比如园区内的查普雷尔钢铁公司与得克萨斯工业公司在得克萨斯州的米得罗森市共同组建了零排放工业生态模式，即得克萨斯工业公司下属的水泥厂利用查普雷尔钢铁公司炼钢厂的炉渣生产高质量的水泥，使炼钢厂的废料得以充分利用，也让水泥厂省下了大笔生产成本。

田纳西州的查塔努加生态工业园区曾经是一个污染严重的制造业中心，在生态工业园区建立后，通过以杜邦化学公司为代表的企业共同践行形成“杜邦模式”，现已成为全球节能降耗与效益增进的典型代表。该生态工业园区的主要做法包括：一是实现组织内部物料循环，减少资源消耗。该生态工业园区通过组织不同工艺和不同流程之间的物料循环来延长生产链条，比如园区内原有的钢铁铸造车间被改造成太阳能处理废水的生

态空间，紧邻的是进行废水循环利用的肥皂厂，肥皂厂附近又有一家用肥皂厂副产物作原料的工厂等，由此铺开形成工艺间的物料循环利用，减少废物排放的同时也提高了资源利用率。二是创新性发明废物回收利用新工艺。20 世纪 80 年代，美国杜邦化学公司在生态工业园进行产业生态理念的实践，以“3R”为原则践行资源的循环利用并对废弃物进行回收利用，比如杜邦公司在废弃的牛奶盒和一次性塑料容器等废弃物中开发出来耐用的乙烯材料泰维克等新产品，这些新工艺和新产品使该公司有力减少了生产产生的废弃物、大幅减少了空气污染排放量，同时还带动了当地环保产业的发展，形成新的经济增长点。

### （三）瑞典罗森戴尔庄园生态农场

瑞典的高效生态农业一直处于世界领先地位，在农业生产上注重利用天然肥料、采取几年轮作种植方法、强制要求国内一定比例耕地要转为生态农业种植、通过价格保护和农民合理收入保障等手段促进生态农业的发展。在生态农业园区建设方面，罗森戴尔庄园生态农场发展比较经典。

一是发展特色生物动力农业。罗森戴尔庄园生态农场距离瑞典首都约 15 分钟的渡船距离，是世界著名的生物动力农业示范基地。在生物动力农业模式下，不会使用化肥、农药等，而是完全依靠动植物和自然的原生能量和动力来进行农业生产，走出一条使土壤保持可持续肥力与活力，使农业生产循环和可持续发展的道路。

二是建立一套可持续发展机制。罗森戴尔庄园善于依托生态农耕的底子和基础，探索发展基于此的多功能增值业务以实现园区本身的可持续发展。比如在生态农耕展示的基础上，园区增设了餐厅、园艺、花艺、休闲、旅游、商店、教育培训等多种业态服务，创办了瑞典斯德哥尔摩著名的乡村生态游览经典项目、举办了园艺、烹调等各种展览①。同时，从 1984 年开始，罗森戴尔庄园还成立了一家独立的基金会负责庄园运行，通过多元业态的收入实现庄园的可持续发展。

---

① 沈立：《有机花园——瑞典罗森戴尔庄园》，《中国乡镇企业》2015 年第 1 期，第 80—82 页。

# 第二节　国内经验

## 一、代表性城市群：粤港澳大湾区

依托改革开放的红利和凭借优越的地理区位和充沛的劳动、土地、资本等要素供给，借助港澳产业向内地转移的契机，利用“前店后厂”产业分工模式，粤港澳三地优势互补、相得益彰，在改革开放后一度取得瞩目发展成效。但是，进入21世纪以来，特别是2008年国际金融危机爆发以来，粤港澳三地原先所依仗的低成本竞争优势不复存在，珠三角九市逐步进行产业结构调整，加快产业结构转型。在市场经济发展和国家政策支持下，如今的粤港澳大湾区经济发展水平全国领先、产业体系完备、集群优势明显，珠三角九市已初步形成以战略性新兴产业为先导、先进制造业和现代服务业为主体的产业结构。其主要经验如下：

一是强化规划引领作用。2019年2月，国务院印发《粤港澳大湾区发展规划纲要》（以下简称《纲要》），《纲要》明确了大湾区在生态环保联动发展、现代产业体系联动打造等方面的方向和重点。《纲要》提出，要坚持绿色发展、保护生态原则，大力推进生态文明建设，实行最严格的生态环境保护制度，推动形成绿色低碳的生产生活方式和城市建设运营模式，促进大湾区可持续发展。《纲要》提出，加强粤港澳生态环境保护合作，共同改善生态环境系统，加强东江、西江、北江等重要江河水环境保护和水生生物资源养护，贯通珠江三角洲水网，构建全区域绿色生态水网，强化区域大气污染联防联控，加强危险废物区域协同处理处置能力建设等。《纲要》提出，要构建具有国际竞争力的现代产业体系，支持传统产业改造升级，加快发展先进制造业和现代服务业，瞄准国际先进标准提高产业发展水平，促进产业优势互补、紧密协作、联动发展，培育若干世界级产业集群。

二是构建制度化合作机制。在“一国两制”三法系四法域的环境下，湾区内省市注重深化一系列生态保护及环境治理上的制度化合作机制，如在粤港合作的第一个纲领性文件《粤港合作框架协议》中，生态建设和环境保护就被列入建设优质生活圈任务的首项工作。同时，在清洁生产、区域大气污染机理及联防联治、水域船舶排放控制区建设等方面也在不断开展合作，湾区内的深度合作网络日渐完善。

三是加快制造业结构调整。制造业是粤港澳大湾区的产业底色，传统制造业向先进制造业转型升级是其产业发展的主要任务。在拥有广泛的产业门类的基础上，粤港澳大湾区致力于加快制造业绿色改造升级，重点推进传统制造业绿色改造、开发绿色产品，打造绿色供应链。同时，粤港澳三地也着力于加强2区9市在先进制造业、战略性新兴产业、现代服务业等多个产业上的融合，增加城市间、产业间的融合程度，以增强合力抵御外部环境的能力，增加大湾区的整体抗风险能力。

四是培育壮大战略性新兴产业。注重推动新一代信息技术、生物技术、高端装备制造、新材料等发展壮大为新支柱产业。如香港正在大力发展创新及科技事业，建设亚太区国际法律及争议解决服务中心；澳门正在建设世界旅游休闲中心，促进经济适度多元发展；广州除了发展商贸中心和交通枢纽功能外，还将培育提升科技教育文化中心功能；深圳则加快建设现代化、国际化城市，努力成为具有世界影响力的创新之都。

### 专栏3－4 深圳大鹏新区典型发展案例

2015年，大鹏新区编制了《大鹏半岛生态文明体制改革总体方案（2015—2020）》，成为深圳市第一个以市委、市政府名义印发的区级改革方案，随后大鹏新区又对标国家《生态文明体制改革总体方案》印发了《大鹏新区落实〈大鹏半岛生态文明体制改革总体方案（2015—2020）〉工作方案》，并制定年度计划，通过实施52项改革举措，全面推进生态文明体制改革工作。

当前，大鹏新区已初步构建了以量化评估为基础，生态产业化为特色的生态文明建设五大制度体系：包括以宣扬生态价值观念为核心的生态文化体系，以生态产业化和产业生态化为核心的生态经济体系，以改善生态环境质量为核心的目标责任体系，以“源头严防、过程严管、后果严惩”为核心的生态文明制度体系，以及以生态系统良性循环和环境风险有效防控为重点的生态安全体系。

创造“五大率先”：率先推出全国首张“编实”的自然资源资产负债表，构建自然资源资产价值核算与负债表体系；率先形成全国首个湾区生态文明综合评价指标体系，筛选出七大类共计42项指标；率先建立全国首例任期生态审计制度；率先探索和实践货币化生态补偿政策；率先打造湾区城市生态文明平台。

高规格建设成为生态产业化发展示范区：研究实施“2+3”“第五产业”发展模式，即以海陆生态要素统筹利用为基础，第三产业为主导的生态产业模式，其中“2”代表大鹏新区海域和陆域两个空间主体的生态要素，“3”代表第三产业，同时大鹏新区还根据现有产业布局，针对性打造清洁能源产业链等生态产品。

资料来源：刘露：《上杭循环经济园区项目发展策略研究》，华侨大学，2016年。

## 二、代表性省份：浙江省、甘肃省、贵州省

### （一）浙江省

21世纪以来，浙江省坚持以“八八战略”为总纲，全面开启生态省建设，并在《浙江生态省建设规划纲要》中明确提出了发展生态工业的要求和任务，在完成工业化的过程中同时努力实现了生态环境的根本好转，经济建设和生态文明建设取得“双丰收”，具有重要借鉴意义。

一是实施产业生态化战略。产业发展的逆生态化是工业化进程中普遍存在的现象，在传统工业发展过程中，快速增长的经济与容量有限的环境之间的矛盾不断加剧。2005年，习近平总书记担任浙江省委书记时在安吉县考察时首次提出“绿水青山就是金山银山”的重要思想，浙江省的工业发展转型也始终坚持这一指导思想。在这一过程中，浙江省注重通过环境保护促进产业结构优化、积极推进产业生态化，促进产业活动从有害于生态环境转向无害于或有利于生态环境，逐步形成环境友好型产业经济体系。同时，浙江省利用污染减排等刚性约束手段，采取淘汰一批、转移一批、提升一批的方式，重点对工业园区进行生态化改造，大力发展生态型工业，促进工业总量削减、质量改善、发展优化。

二是提供坚实的制度保障。2005年以来，浙江省先后制定出台了《浙江省资源节约和环境保护行动计划》《关于印发节能减排综合性工作实施

方案的通知》《关于印发浙江省资源节约和综合利用“十一五”规划的通知》《浙江省节能降耗和能源资源优化配置“十四五”规划》《浙江省可再生能源发展“十四五”规划》《浙江省循环经济发展“十四五”规划》等一系列促进节能、资源综合利用等的促进生态经济发展方面的规划和政策。同时，浙江还先后出台生态保护补偿制度和排污权有偿使用制度等，建立了生态保护补偿——环境损害赔偿相结合的科学制度和排污权有偿使用和交易政策法规体系的框架，采取了非绿色产品的约束性政策和绿色产品的鼓励性政策的双向激励绿色财税政策，为生态产业化的推进提供了坚实的制度保障。

三是形成明确的规划引领。《浙江省全球先进制造业基地建设“十四五”规划》明确提出，到 2025 年浙江省要打造全国绿色制造标杆地，能源结构绿色升级、产业结构低碳调整、生产方式低碳循环取得显著成效，绿色制造体系加快构建。同时专章阐述“加快绿色低碳发展，转变制造业发展方式”，提出推动山区 26 县发展生态工业，优先开展低碳、近零碳试点建设，并将重点发展的新兴产业集中在新一代信息技术产业、生物医药和高性能医疗器械、新材料、高端装备、节能环保与新能源等产业领域，推动整个工业尤其是制造业向绿色化、高端化、新兴化等方向发展。《浙江省循环经济发展“十四五”规划》明确提出构建现代化循环型产业体系，包括提升发展现代生态循环农业、高质量发展循环型制造业、积极发展循环型服务业，其中在高质量发展循环型制造业中重点提出推进产业低碳转型，大力推进绿色工厂、绿色园区、低碳园区建设，深入推进园区循环化发展、构建完善产业共生体系、促进园区废弃物循环利用等。

四是推进绿色产业集群发展。为进一步推进生态循环产业体系的构建，“十四五”期间，浙江省还提出要聚焦节能技术装备、环保技术装备、资源循环利用技术装备、新能源与清洁能源装备、新能源汽车等重点领域，加快推进省级环保产业示范园区、储能与动力电池产业基地、风机整机及核心配套装备产业基地、新能源汽车产业基地、光伏产业装备基地等建设，着力打造一批规模经济效益显著、专业特色鲜明、综合竞争力较强的绿色产业示范基地，建设一批集聚、创新发展的省级绿色产业特色小镇和一批绿色产业集群。

### （二）甘肃省

为全面贯彻党的十九大精神，深刻汲取祁连山国家级自然保护区生态环境破坏的教训，甘肃省以构建生态产业体系为突破口，加快建立健全绿色低碳循环发展经济体系，实现绿色发展崛起，建设新时代幸福美好新甘肃，切实筑牢中国西部生态安全屏障。

一是提出构建生态产业体系推动绿色发展战略。2018 年 1 月，甘肃省委作出《关于构建生态产业体系推动绿色发展崛起的决定》，提出既要培育发展清洁生产、节能环保、清洁能源、先进制造、文化旅游、通道物流、循环农业、中医中药、数据信息、军民融合十大生态产业，在十大生态产业中既有国家大力倡导、优先发展的产业，例如节能环保、清洁生产、清洁能源产业；又要有突出甘肃优势、重点培育的产业，如循环农业、中医中药、文化旅游、通道物流、军民融合产业；还要有紧盯发展趋势、着力提升的产业，主要是数据信息和先进制造产业。[①] 从十大产业的核心看，就是要以构建生态产业体系为突破口，让传统产业“脱胎换骨”焕发新的生机和活力，新兴产业“强筋壮骨”成为推动经济高质量发展的主导力量。

二是形成以规划为引领的框架体系。省委省政府《关于构建生态产业体系推动绿色发展崛起的决定》出台后，省政府迅速行动，组织编制了《甘肃省推进绿色生态产业发展规划》，提出了加快发展十大类绿色生态产业，谋划了节能环保产业培育、清洁生产产业提升、清洁能源产业优化、循环农业发展、中医中药产业壮大、文化旅游产业提质、通道物流产业拓展、数据信息产业培育、军民融合产业创新、先进制造产业升级等十大工程，建立了 265 个总投资达 8200 多亿元的重大带动性工程项目库。[②] 同时，相关部门结合分工研究谋划了十大生态产业发展战略，研究制定了各生态产业专项行动计划，并从发展目标、重点任务、工作路径、保障措施四个方面做了安排部署。由此，全省构建生态产业体系“1 + 1 + 10 + X”框架体系基本搭建完成。

三是带动形成一系列地方发展效应。在甘肃省发展十大生态产业的引领带动下，省内相关地市纷纷转方式、调结构，推动形成具有地方特色和

① 《甘肃培育发展十大生态产业综述》，甘肃日报，2019 年 4 月 15 日，https：//www. cfsn. cn/front/web/site. shengnewshow？ sjid = 28&newsid = 3090。（上网时间：2019 年 4 月 15 日）

② 《构建生态产业体系　实现绿色发展崛起——甘肃培育发展十大生态产业综述》，中国甘肃网，2019 年 4 月 15 日，http：//gansu. gscn. com. cn/system/2019/04/15/012142297. shtml。（上网时间：2019 年 4 月 15 日）

竞争优势的生态产业体系和格局，逐步搭建了从上到下全方位一体的生态产业发展格局。如兰州市研究出台了《兰州市构建生态产业体系推进绿色发展崛起的实施方案》，并配套制定了节能环保、清洁生产、清洁能源、循环农业、中医中药、文化旅游、通道物流、数据信息、军民融合、先进制造产业10个专项行动方案和“一业一策”工作方案，① 明确了全市构建生态产业体系、推动绿色发展崛起的作战图和施工图，整体看兰州市十大生态产业发展推进顺利，带动作用明显，呈现出快速增长的良好态势。如白银市通过强龙头、补链条、聚集群，主要通过做实项目，建立完善全市绿色生态产业重点项目库；做强存量，改造提升传统产业，大力实施技改项目和智能制造工程，加大清洁生产技术推广和研发力度，不断提高新能源就地消纳比例等；做大增量，培育壮大新兴产业，推进新兴产业规模化集群化发展；做优特色，充分挖掘区位优势、黄河优势、大工大农基础优势，积极发展循环农业、乡村旅游等特色富民产业。

### （三）贵州省

贵州地处我国西南腹地的亚热带高原内陆山区，气候冬暖夏凉、类型多样，森林覆盖率达到58%以上，地跨长江和珠江两大水系，是国家生态文明试验区，属于典型的资源大省和经济小省。面对既要经济发展、又要保护脆弱的生态环境的总要求，近年来贵州坚持守住发展和生态两条底线，协同推进生态产业化和产业生态化，大力实施、深入推进大生态战略，将生态绿色发展理念融入经济社会发展全过程，在推动产业绿色转型升级、构建符合生态资源禀赋和市场需求的特色生态工业体系方面取得了明显成效。

推动大生态逐步上升为全省战略。20世纪80年代以来，贵州省就开始关注人口、生态和发展之间的关系并逐步进行实践，确立了可持续发展战略。2005年，确立了“坚持生态立省和可持续发展战略”的方针；2007年，确立了环境立省战略，提出了“保住青山绿水也是政绩”的理念，在全国率先作出建设生态文明的战略决策；2014年《贵州省生态文明促进条例》正式实施，成为全国第一部省级层面生态文明地方法规；2015年，取

---

① 《兰州：发力十大生态产业　培育经济新动能》，兰州发布，2019年12月25日，https://m.thepaper.cn/newsDetail_forward_5353189。（上网时间：2019年12月25日）

消10个贫困县GDP考核，并加大对石漠化面积减少程度和森林覆盖率等生态考核考核的指标权重；2016年，获批建设全国首批国家生态文明试验区；2017年，《国家生态文明试验区（贵州）实施方案》出台，省第十二次党代会把大生态上升为全省战略，明确提出实施大生态战略行动；[①] 2021年，贵州省“十四五”规划明确提出，要继续守好发展和生态两条底线，将大生态战略行动作为三大战略行动之一，到“十四五”末期，生态文明建设要走在全国前列，国家生态文明试验区要取得新的重大突破，绿色经济占比要达到50%。

协同推进生态产业化和产业生态化。10年前，贵州经济发展主要依赖自然资源加工制造业、采矿业、电力能源业等，总体呈现低水平的产业体系。近年来，贵州不断优化经济结构，呈现传统支柱产业转型增长、新兴产业快速增长、新旧动能加快转型的良好态势。2016年，贵州推出绿色发展“四型”产业，即生态利用型、循环经济型、低碳清洁型、环境治理型四类产业经济，如生态利用型包括山地旅游、大健康医药、现代山地特色高效农业、林业产业、饮用水产业；循环高效型包括原材料深加工产业、绿色轻工业、再生资源产业；低碳清洁型包括大数据信息产业、清洁能源产业、新能源汽车、新兴建筑建材产业。[②] 自此，贵州找到了以大数据、大健康、现代山地高效农业、文化旅游、新型建筑材料“五大新兴产业”，这是贵州践行生态产业化，逐步实现产业生态化的具体表现，带动形成共生网络链的过程。

促进生态工业高质量发展。贵州把绿色作为标尺、严格执行绿色准入，向绿色要效益、加快传统产业绿色化改造，向绿色要财富、加快发展壮大绿色产业，把绿色作为底色、积极构建绿色制造体系。[③] 全力推动十大千亿级工业产业绿色化发展，重点推动基础能源、现代化工、先进装备制造业、优质烟酒、大数据电子信息、清洁高效电力、生态特色食品、健康医药、新型建材、基础材料等工业产业发展。推进数字产业化、产业数字化，加快推动大数据与实体经济、社会治理、民生服务、乡村振兴的深

① 陈长：《论贵州协同推进生态产业化与产业生态化》，《贵州省党校学报》2018年第6期，第126页。

② 陈长：《论贵州协同推进生态产业化与产业生态化》，《贵州省党校学报》2018年第6期，第125—126页。

③ 罗亮亮：《绿色化：生态优先绿色制造》，《当代贵州》2019年第28期，第10—11页。

度融合，以信息技术带动传统产业转型升级。

## 三、代表性生态产业园区：广东南海生态工业园、正大慈溪现代农业园区

### （一）广东南海生态工业园

广东南海生态工业园位于珠三角经济圈腹地——广东佛山南海区，是我国以循环经济和生态理念为指导的国家级生态工业园的典型代表。一是明确产业定位方向，发展特色工业生态链。南海生态工业园以高新技术环保产业为主。园区内的工业生态系统包括设备加工、塑料生产、建筑陶瓷、铝型材和绿色板材等五大行业。通过对核心企业进行分析划分，很新企业及其相关的附属企业组成工业生态群落，再具体规划出 9 条生态链，这些生态链密切联系，彼此影响，在生态链系统中实现物质好热能量的链接。二是创新性发展科学技术，提高专业技术水平。一方面，园区内除了 12 家核心企业带动其他产业之外，还包括了一个虚拟区，这个虚拟区中有塑料厂、陶瓷厂、造纸厂、铝型材厂、计算机厂、资源综合利用与物资回收企业 7 家企业，它们以远程利用的方式与园区内其他企业配合，共同构成工业生态群落。

### （二）正大慈溪现代农业园

正大集团和慈溪市政府联合打造的慈溪现代农业园区在生态农业发展方面做了较好得探索。历经十年探索，“正大慈溪模式”逐步成熟，并由正大集团推广至浙江余姚、山东东营等十余个地区。一是探索开发“土地修复＋绿色运营一体化”的开发模式，即实施盐碱地治理开发，以三产融合为思路，进行园区产业布局，探索“稻蟹共生”模式，利用河蟹的残饵及粪便提供有机肥料、控制农药使用，实现绿色发展。二是布局“从土壤到餐桌”全产业链，提供从盐碱地改良、种子、种植等全产业链产品和服务，同时实现园区产业间的横向互补发展，形成了以绿色农业种养为基础、制造加工为支撑、农旅康养为拓展的全产业链布局。①

① 清华大学中国农村研究院调研组：《塑造现代农业园区建设的中国模式》，《农村工作通讯》2021 年第 2 期，第 35—38 页。

# 第四章　中国产业发展的历史、现实与未来

中华人民共和国成立以来，尤其是1978年改革开放以来，大力加强经济建设，国内经济发展水平不断提升、综合国力显著增强，走出了一条符合中国国情、具有中国特色的产业发展和结构升级之路，并向现代化经济体系的道路不断迈进。国内地区生产总值增加到2021年的114万亿元，人均国内生产总值增加到2021年的80976元，三次产业结构的比例变化到2021年的7.3∶39.4∶53.3，在国际合作和竞争过程中不断展现新发展优势。

## 第一节　中国经济增长的历史与现实

### 一、中国经济发展脉络

中国经济主要历经五个发展阶段。

1. 1949—1957年

1949年中华人民共和国成立到1956年底社会主义改造基本完成，是新民主主义社会向社会主义社会过渡的阶段，这一时期的主要任务是巩固政权和发展经济。通过建立社会主义国营经济、稳定物价、合理调整工商业、大力恢复和发展生产等措施，到1957年，国民经济得到恢复和发展，国家财政取得根本好转，为国家有计划的经济建设准备了条件。

2. 1958—1965年

随着三大改造的结束，中国进入全面建设社会主义时期。中共七千人大会提出了“调整、巩固、充实、提高”的八字方针，重新客观认识经济发展规律，国民经济开始好转。到1965年，已经建成了武汉、包头两大钢

铁基地，工业经济逐步发展起来。

3. 1966—1976 年

1966 年，当中国基本完成调整经济任务，开始执行面临国民经济第三个五年计划时，“文化大革命”来临，国家和人民面临中华人民共和国成立以来的巨大挫折，但经济建设仍取得了一些成就，如棉纱、原煤、发电量、原油、钢和机械设备等主要工业产品的产量有巨大增长。

4. 1977—2017 年

1978 年，党的十一届三中全会召开，中国实行改革开放，开始系统调整经济社会的总方针和总政策，国家经济发展开始呈雨后春笋蓬勃发展态势，向世界展示了经济增长的奇迹，也重新塑造了中国经济增长的格局。①

5. 2017 年至今

十九大以来，中国经济发展的内在支撑条件和外部需求环境产生变化，传统增长模式无法适应经济发展的要求，经济由高速增长阶段转向高质量发展阶段。一方面，发展速度由高速转向平稳，发展方式由粗放转向高质量，另一方面，高质量发展将会更加突出显示改革创新的引擎作用。实现高质量发展是适应社会主要矛盾变化和全面建设社会主义现代化国家的必然要求，也是今后实现经济增长的必然路径。

## 二、中国经济发展阶段判断

1. 整体处于工业化后期阶段

结合国际、国内通行的理论及标准，如表 4 - 1、4 - 2 所示：从人均 GDP 来看，2020 年中国人均 GDP 达 71965 元（按 2020 年底第七次人口普查数据计算），按当年平均汇率计算约 11072 美元，按 1970 年不变价计算为 2214 美元。从第一、第二、第三产业产值比来看，2020 年第一产业产值占比为 7.7%，第二产业产值占比为 37.8%，第三产业值占比 54.5%，由产业结构判断进入后工业化阶段。从城镇化率来看，截至 2020 年底，常住人口城镇化率超过 60%，达到工业化后期阶段。2020 年第一产业就业人员比约 38.3%，处于工业化中期水平。

---

① 《新中国产业结构演变述论（1949—2016）》，中国社会科学网，2019 年 10 月 1 日，http：//www.cssn.cn/zx/201910/t20191001_ 4979864.shtml。（上网时间：2019 年 10 月 1 日）

**表4－1　工业化水平评价指标与标准**

| 基本指标 | 前工业化阶段（1） | 工业化实现阶段 | | | 后工业化阶段（5） |
|---|---|---|---|---|---|
| | | 工业化初期（2） | 工业化中期（3） | 工业化后期（4） | |
| 1. 人均 GDP（1970 年美元） | 140—280 | 280—560 | 560—1120 | 1120—2100 | 2100—5040 以上 |
| 2. 三次产业结构（产业结构） | A > I | A > 20%，A < I | A < 20%，I > S | A < 10%，I > S | A < 10%，I < S |
| 3. 城镇化率（空间结构） | 30%以下 | 30%—50% | 50%—60% | 60%—75% | 75%以上 |
| 4. 第一产业就业人员比（就业结构） | 60%以上 | 45%—60% | 30%—45% | 10%—30% | 10%以下 |

备注：

1. 人均 GDP 与发展阶段判断依据钱纳里人均经济总量与经济发展阶段关系（1970 年和 2020 年间的美元转换率暂以 5 计算，2020 人民币兑美元汇率为 6.5）；

2. 产业结构与发展阶段判断依据西蒙·库兹涅茨三次产业结构与经济发展阶段关系；

3. 产业就业结构与发展阶段判断依据配第—克拉克定理；

4. 城镇化率与发展阶段判断依据钱纳里城市化率与经济发展阶段关系。

**表4－2　中国工业化水平发展阶段比对（2020 年）**

| 基本指标 | 2020 年指标值 | 工业化阶段 |
|---|---|---|
| 1. 人均 GDP（经济发展水平） | 71965 | 后工业化阶段（5） |
| 2. 三次产业产值结构（产业结构） | 7.7：Z37.8：54.5（A：I：S） | 后工业化阶段（5） |
| 3. 人口城市化率（空间结构） | 60%（常住人口城镇化率） | 工业化后期（4） |
| 4. 第一产业就业人员比（就业结构） | 38.3% | 工业化中期（3） |

数据来源：《2020 年中国统计年鉴》。

整体来看，当前中国整体进入工业化后期向后工业化阶段过渡时期，工业化和城镇化进程正在加速推进，下阶段产业发展的主要任务是加快产业结构进一步优化升级，重点发展兼具高端、绿色等特征的战略性新兴产业，带动城镇化率的进一步提升和就业结构的进一步优化。

### 2. 整体处于城镇化快速发展阶段

结合国际、国内通行的理论和标准以及相关文献,[①] 如表 4－3、表 4－4 所示，中国 2020 年常住人口城镇化率达到 60% 以上，整体处于城镇化中期阶段并呈快速发展的特征。

**表 4－3　城镇化发展阶段评价标准**

| 阶段 | 城市人口比重 | 特征 |
| --- | --- | --- |
| 初始阶段 | ≤30% | 农村占绝对优势、生产力水平较低，工业提供的就业机会有限，农村剩余劳动力释放缓慢 |
| 中期阶段 | 30%—70% | 经济增长和体制改革全面展开，开放步伐不断加快，城乡、区域和国内、国际的互动不断增强，城镇人口继续以超过全国总人口增速的态势在不断增加 |
| 后期阶段 | >70% | 城市化稳定发展，城镇化率保持较高水平 |

**表 4－4　中国城镇化发展阶段**

| 阶段 | | 年份 | 特征 |
| --- | --- | --- | --- |
| 初始阶段 | 起步发展阶段 | 1949—1957 年 | 中华人民共和国成立后以及“一五”计划的顺利完成，我国经济建设取得了较大进展，城镇化水平得到稳步提高，这段时期的城镇发展及城镇人口增长与国民经济发展基本适应 |
| | 剧烈波动阶段 | 1958—1965 年 | 受“大跃进”思想的影响，经济发展起伏波动大，城镇化发展也表现出大起大落 |
| | 徘徊停滞阶段 | 1966—1978 年 | 受“文化大革命”的影响，退步的经济发展殃及了刚刚有所起色的城镇化进程，我国城镇化发展进入了徘徊停滞阶段 |
| | 恢复发展阶段 | 1979—1992 年 | 十一届三中全会召开，全国工作重点开始转向以经济建设为中心的社会主义现代化建设，伴随国民经济恢复和快速发展，我国城镇化开始步入正常发展 |

① 古杰、岳隽、陈小祥：《新中国城镇化的发展阶段及政策分析》，《规划师》2015 年第 10 期。

续表

| 阶段 | | 年份 | 特征 |
|---|---|---|---|
| 中期阶段 | 加速发展阶段 | 1993 年—至今 | 1992 年邓小平视察南方谈话和中共中央决定实行社会主义市场经济体制后，全国开放步伐不断加快，城乡、区域和国内、国际的互动不断增强，与此相对应的城镇化进程也实现了持续和稳定增长，进入了加速发展阶段 |

## 第二节　中国产业发展的历史与现实

### 一、中国产业发展脉络

中国产业发展主要历经以下四个阶段。①

1. 1949—1978 年

建国初期我国缺乏独立完整的工业体系，为了改变经济落后、工业萧条现状，中国选择了走优先发展重工业的工业化道路。从“一五”计划到“四五”时期，集中优势资源完成了以 156 个重大项目、三线建设为代表的一批重大工程，在短短二十几年内建立了四十多个工业门类，形成了比较完整的工业体系，工业迅速超过农业成为国民经济的主导产业。与此同时也要看到，优先发展重工业也导致了轻工业比重过小等产业结构不平衡问题。

2. 1978—1997 年

1978 年，随着党的十一届三中全会的召开，中国确定了以经济建设为中心的方针，开始对失衡的产业结构进行“纠偏”。针对过去强调积累、抑制消费带来的消费不足问题，增强消费对经济增长的拉动。同时，针对以农补工带来的农业发展滞后问题，实行农业联产承包责任制，农业农村

① 《新中国产业结构发展演变历程及启示》，中国金融新闻网，2019 年 9 月 16 日，http：//finance. sina. com. cn/roll/2019 - 09 - 16/doc - iicezzrq6064294. shtml。（上网时间：2019 年 9 月 16 日）

经济快速发展并释放了大量农村剩余劳动力，1978 年到 2000 年，产业结构由“二一三”型结构逐步变为“二三一”型。另外，针对工业内部结构“偏重”问题，实行轻工业倾斜发展战略，轻工业增长速度明显加快，产业结构呈明显优化升级特征，轻重工业结构失衡状况得到矫正。

3. 1998—2012 年

通过二十多年的产业结构“纠偏”，中国基本扭转了轻重工业比例失调，受亚洲金融危机、加入 WTO、房地产市场大力发展、居民消费结构的变化等国际国内形势的影响，再次发展壮大和不断优化重工业发展结构。其中，重化工业内部结构内以原材料工业、电子信息制造业、汽车工业、机械设备制造等为代表的装备制造业发展明显加快，带动 2010 年制造业增加值占比位居世界第一，造就了全球第一制造业大国的地位。

4. 2013 年尤其是 2017 年后①

十八大尤其是十九大以来，中国经济进入经济发展新常态阶段，进入新时代中国特色社会主义新阶段，中央提出了创新、协调、绿色、开放、共享新发展理念，以供给侧结构性改革为主线，着力构建现代化经济体系，促进经济高质量发展。在新发展理念的指导和供给侧结构性改革的作用下，以创新驱动、服务引领、制造升级、绿色发展等为特征的产业结构正不断优化升级，现代化经济体系着力构建，装备制造业和高技术制造业及战略性新兴产业比重不断上升，产业新旧动能转换逐步加快，新产业、新产品和新业态不断涌现。

## 二、中国产业发展现状②

1. 产业结构持续优化升级

近 20 年来，中国产业政策不断调整，产业结构呈现第一产业比重不断下降、第二产业比重先上升后下降、第三产业比重显著上升的特征。根据中国统计年鉴和 2020 年中国统计公报，第一产业占 GDP 的比重从 2000 年的 14.7% 下降到 2020 年的 7.7%，下降了 7 个百分点，降幅非常明显。第二产业占 GDP 的比重从 2000 年的 45.5% 下降到 2020 年的 37.8%，工业占

---

① 付保宗、盛朝迅、徐建伟、周劲、任继球：《加快建设实体经济、科技创新、现代金融、人力资源协同发展的产业体系研究》，《宏观经济研究》2019 年第 4 期。

② 陈丹：《新时代背景下中国产业结构调整研究》，辽宁大学博士论文，2019 年．

GDP 比重的变化趋势与第二产业占 GDP 比重的变化趋势保持一致。第三产业占 GDP 的比重从 2000 年的 39.8% 上升到 2020 年的 54.5%，提升了 14.7 个百分点，上升趋势十分明显。

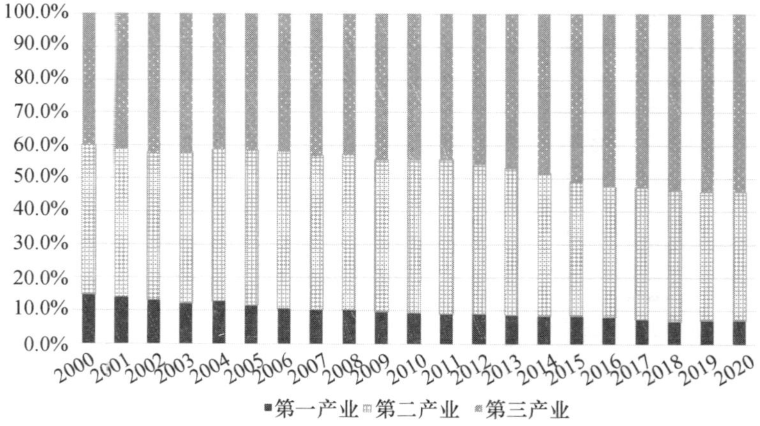


**图 4－1　我国三次产业结构变化**

2. 产业结构变动带动经济增长贡献变动

从变化趋势看，三次产业对中国经济增长的贡献变化趋势与我国产业结构调整变化趋势基本一致。即第一产业的贡献率总体低于第二产业和第三产业，第二产业对经济增长的贡献率总体呈现先上升后下降的趋势，第三产业的贡献率总体呈现先下降后上升态势（见表 4－5）。

**表 4－5　2000—2020 年中国三次产业对经济增长的贡献率**

| 年份 | 第一产业（%） | 第二产业（%） | 第三产业（%） |
| --- | --- | --- | --- |
| 2000 | 4.1 | 59.6 | 36.2 |
| 2001 | 4.6 | 46.4 | 49 |
| 2002 | 4.1 | 49.4 | 46.5 |
| 2003 | 3.1 | 57.9 | 39 |
| 2004 | 7.3 | 51.8 | 40.8 |
| 2005 | 5.2 | 50.5 | 44.3 |
| 2006 | 4.4 | 49.7 | 45.9 |
| 2007 | 2.7 | 50.1 | 47.3 |

续表

| 年份 | 第一产业（%） | 第二产业（%） | 第三产业（%） |
|---|---|---|---|
| 2008 | 5. 2 | 48. 6 | 46. 2 |
| 2009 | 4 | 52. 3 | 43. 7 |
| 2010 | 3. 6 | 57. 4 | 39 |
| 2011 | 4. 1 | 52 | 43. 9 |
| 2012 | 5 | 50 | 45 |
| 2013 | 4. 2 | 48. 5 | 47. 2 |
| 2014 | 4. 5 | 45. 6 | 49. 9 |
| 2015 | 4. 4 | 39. 7 | 55. 9 |
| 2016 | 4 | 36 | 60 |
| 2017 | 4. 6 | 34. 2 | 61. 1 |
| 2018 | 4. 1 | 34. 4 | 61. 5 |
| 2019 | 3. 8 | 36. 8 | 59. 4 |
| 2020 | 9. 5 | 43. 3 | 47. 3 |

资料来源：《中国统计年鉴》、2020 年中国统计公报。

与此同时，中国产业发展仍然存在以下明显不足：一是产业发展质量不高。过去几十年来形成了全球门类最齐全的产业体系和配套网络，但产业整体仍处于国际价值链底部。其中，制造业大而不强，部分行业产能过剩，以高技术为引领的相关制造业增长基础还不稳固，高品质、个性化、高附加值的产品供给能力相对不足；服务业整体层次和发展水平相对偏低，高品质生活性服务业、技术密集型生产性服务占比不高；农业基础总体薄弱，量大质弱特征明显，总体供大于求和高品质、绿色化农产品供不应求结构性矛盾并存。二是产业创新能力不强。产业发展仍主要靠人力、资本和土地等传统要素投入，技术投入力度仍待加强，全要素生产率还不是效率源泉的主体。其中，大多数行业的中小企业自主创新和研发能力弱，关键材料、核心零部件仍严重依赖进口，产业链与创新链融合不紧，部门内部资源配置效率没有从根本上得到提升，也是全要素生产贡献不高的主因之一。三是产业与环境、社会的适应性不优。改革开放以来，中国曾长期把经济建设和工业尤其是重工业发展作为工作重心，曾经先污染后治理的粗放式发展路子影响了经济社会的长久发展，同时给生态环境造成了巨大的破坏，如部分自然资源过度开发同时没有得到合理使用，部分不合理的生产生活方式等，导致了生态环境出现恶化和失衡等。

## 第三节　现代产业发展趋势

近年来，欧美等发达国家和地区纷纷实施“再工业化战略”促进制造业回流，并仍然占据产业价值链的高端。如美国积极发展智能制造、新能源、生物技术等高附加值制造业，英国重点发展超低碳汽车、生命科学医药以及尖端制造业，法国政府建立战略投资基金，用于发展能源、汽车、航空等战略性产业，全球产业发展呈现出比较明显的数字化、网络化、智能化、高技术化、绿色化等新特征。

在全球产业发展的大趋势和国际产业分工格局的大背景下，我国也出台了《中国制造 2025》《国家创新驱动发展战略纲要》《关于加快建立健全绿色低碳循环发展经济体系的指导意见》《关于积极推进“互联网 +”行动的指导意见》《关于深化制造业与互联网融合发展的指导意见》《新一代人工智能发展规划》等一系列强国战略。未来我国现代产业发展的方向可能将主要集中在新一代信息技术、高档数控机床和机器人、航空航天装备、海洋工程装备及高技术船舶、先进轨道交通装备、节能与新能源汽车、电力装备、农机装备、新材料、生物医药及高性能医疗器械以及以大数据、互联网、云计算等为支撑的现代新兴服务业态等重点领域。

**表 4－6　我国新兴产业重点发展方向**

| 序号 | 重点产业 | |
|---|---|---|
| 1 | 新一代信息技术产业 | ①集成电路及专用装备 ②信息通信设备 ③操作系统及工业软件 |
| 2 | 高档数控机床和机器人 | ①高档数控机床 ②机器人 |
| 3 | 航空航天装备 | ①航空装备 ②航天装备 |
| 4 | 海洋工程装备及高技术船舶 | ①深海探测、资源开发利用、海上作业保障装备及其关键系统和专用设备 ②深海空间站、大型浮式结构物的开发和工程化 ③豪华邮轮、液化天然气船等高技术船舶 |

续表

| 序号 | 重点产业 | |
|---|---|---|
| 5 | 先进轨道交通装备 | ①系统化安全保障技术 ②轻量化、模块化、谱系化轨道装备系统 ③新一代绿色智能、高速重载轨道交通装备系统 |
| 6 | 节能与新能源汽车 | ①电动汽车、燃料电池汽车 ②动力电池、驱动电机、高效内燃机、先进变速器、轻量化材料、智能控制等核心技术 |
| 7 | 电力装备 | ①大型高效超净排放煤机组 ②超大容量水电机组、核电机组和重型燃气轮机 ③新能源和可再生能源装备、先进储能装备、智能电网用输变电及用户端设备 ④电力电子器件及高温超导材料等关键元器件和材料 |
| 8 | 农机装备 | ①粮、棉、油、糖等大宗粮食和战略性经济作物育、耕、种、管、收、运、贮等主要生产过程使用的先进农机装备 ②大型拖拉机及其复式作业机具、大型高效联合收割机等高端农业装备及关键核心零部件 |
| 9 | 新材料 | ①特种金属功能材料、高性能结构材料、功能性高分子材料、特种无机非金属材料和先进复合材料 ②先进熔炼、凝固成型、气相沉积、型材加工、高效合成等新材料制备关键技术和装备 ③超导材料、纳米材料、石墨烯、生物基材料等 |
| 10 | 生物医药及高性能医疗器械 | ①新机制和新靶点化学药、抗体药物、抗体偶联药物、全新结构蛋白及多肽药物、新型疫苗、临床优势突出的创新中药等重大疾病的化学药、中药、生物技术药物新药 ②展影像设备、医用机器人等高性能诊疗设备 ③全降解血管支架等高值医用耗材，可穿戴、远程诊疗等移动医疗产品 |
| 11 | 以大数据、互联网、云计算等为支撑的现代服务业新业态 | ①数字服务经济（数字内容、创意、设计等）②新媒体服务 ③工业互联网 ④现代金融服务⑤研发服务等 |

# 第五章　探索一：成渝地区双城经济圈全域现代生态工业体系构建

2020年1月3日，习近平总书记主持召开中央财经委员会第六次会议，作出推动成渝地区双城经济圈建设的重大决策部署，强调要加快现代产业体系建设，加强两地产业、生态环境等领域合作，在西部形成高质量发展的重要增长极。成渝地区双城经济圈地处长江上游，位于“一带一路”和长江经济带交汇处，筑牢长江上游生态屏障，着力构建绿色低碳循环发展的经济体系，在西部地区生态优先、绿色发展中发挥示范作用，是成渝地区双城经济圈建设高质量发展增长极的重要使命，是推动打造长江经济带人与自然和谐共生的美丽中国样板的必然要求。作为全国工业尤其是制造业的重要集聚区，在生态优先、绿色发展和共抓大保护、不搞大开发的前提下，协同推动生态环境保护和经济发展、着力发挥工业协同联动整体优势，加快发展方式绿色转型，构建符合新时代、新特征、新趋势的现代生态工业体系，走出一条现代生态工业发展的成渝特色道路，成为成渝地区双城经济圈区域协调发展和工业高质量发展的重要研究方向。

## 第一节　重要意义

### 一、是完善现代化经济体系的必然趋势

20世纪60年代以来，面临经济高速增长带来的环境污染、生态失衡和资源耗竭，人类开始思考社会—经济—环境的关系并逐步提出可持续发展思想。20世纪90年代以来，工业生态化开始在发达国家渐成潮流，如英国成立区域发展局专门负责包括经济、社会和环境的整体协调和长期的

全面规划、比利时政治研究与信息中心出版《比利时生态系统：工业生态学研究》专著、日本以生态学的观点重新审视工业体系等。中国自 1994 年制定《中国 21 世纪议程》以来，国内学术界、政界开始纷纷开展产业生态化（含工业生态化）、生态经济体系（含生态工业体系）的理论、方法研究和实践探索。各界普遍认为，生态工业是人类在从传统产业为主的工业体系向以高新技术为基础的工业体系演变过程中，探索的具有前瞻性的、与环境友好的、体现生态效率的新型工业发展模式，对推进新型工业化发展、实现人类可持续发展具有重大意义。党的十九大报告提出，我国经济已由高速增长阶段转向高质量发展阶段，要坚持可持续发展战略，建设跨越关口的现代化经济体系。2018 年 5 月，习近平总书记在全国生态环境保护大会上将生态经济体系列为生态文明体系的重要组成之一，强调要加快建立健全以“产业生态化和生态产业化为主体的生态经济体系”。如何在可持续发展大局下，坚持“产业生态化和生态产业化”（以下简称“两化”）导向，构建符合新时代发展要求的现代生态工业体系，是建立现代产业体系的重要部分、是健全生态经济体系的重要路径、是建设现代化经济体系的重要组成，也是成渝地区双城经济圈构建完善现代产业体系中的重要组成部分。

## 二、是贯彻习近平生态文明思想的应有之义

强大的工业是促进我国经济发展的重要基础保障，但传统的高投入、高消耗、高污染的工业发展道路，在产业结构、产业组织、产业政策、产业系统等方面忽略了发展与生态承载之间的平衡共生，显然不再适应经济高质量发展的要求。党的十八大以来，以习近平同志为核心的党中央把生态文明建设作为统筹推进“五位一体”总体布局和协调推进“四个全面”战略布局的重要内容，提出了一系列新理念新思想新战略，明确了生态文明是“关系中华民族永续发展的根本大计”。2020 年，习近平总书记考察浙江时强调“经济发展不能以破坏生态为代价，生态本身就是经济，保护生态就是发展生产力”。2021 年，习近平总书记在广西考察时提到，要把碳达峰、碳中和纳入经济社会发展和生态文明建设整体布局，建立健全绿色低碳循环发展的经济体系；在十九届中共中央政治局第二十九次集体学习时的讲话提到，“十四五”时期，我国生态文明建设进入了以降碳为重

点战略方向、推动减污降碳协同增效、促进经济社会发展全面绿色转型、实现生态环境质量改善由量变到质变的关键时期，要站在人与自然和谐共生的高度来谋划经济社会发展，努力建设人与自然和谐共生的现代化。习近平生态文明思想为现代生态工业体系构建提供了根本遵循。在推进经济发展的进程中，我们决不能以牺牲生态环境为代价换取一时发展，关键是要树立正确的发展思路，因地制宜选择好发展产业，只有充分考虑到生态环境的承受能力，才能保持两者的协调发展关系，保持经济的持续发展，使经济发展和生态文明相辅相成、相得益彰。作为现代化经济体系的重要组成部分和新型工业发展形式，现代生态工业的绿色低碳特征、可持续性特征、系统化特征有效弥合了“社会—经济—环境”之间的关系，有力证明了发展与生态之间的可协调关系。推动成渝地区双城经济圈建设是党中央打造高质量发展重要增长极做出的重大决策部署，在促进产业、人口及各类生产要素合理流动和高效集聚，加快现代产业体系建设的过程中，务必以习近平生态文明思想为指引，更加注重“社会—经济—环境”之间的和谐共生关系，走出一条绿色低碳循环和系统化特色化的现代生态工业体系发展之路。

## 三、是共筑长江上游生态屏障的必然要求

习近平总书记高度重视长江经济带发展，高度重视长江上游生态屏障构建，“共抓大保护、不搞大开发”，生态优先、绿色发展，始终是总书记强调的重点，为推动长江经济带发展立下了规矩、划定了红线。十八大以来，习近平总书记走遍了长江经济带覆盖的 11 个省市，并于 2016 年、2018 年、2020 年分别在重庆、武汉、南京三座城市主持召开三次长江经济带发展座谈会，先后提出推动长江经济带发展必须坚持生态优先、绿色发展的战略定位，要“共抓大保护，不搞大开发”，阐述了推动长江经济带发展需要正确把握的五个关系，提出要把修复长江生态环境摆在压倒性位置，长江经济带要努力建设人与自然和谐共生的绿色发展示范带等。成渝地区双城经济圈地处长江上游，人口稠密、资源环境承载压力大，绿色发展任务繁重，大力推进生态文明建设，筑牢长江上游生态屏障，在西部地区生态优先、绿色发展中发挥示范作用，着力构建绿色低碳循环发展的经济体系，是成渝地区双城经济圈的重要使命和必然选择。工业发展事关国

家生态安全、事关全国发展大局。面对新的发展机遇、发展阶段和发展要求，成渝地区双城经济圈全域现代生态工业发展不仅事关重庆、四川一域的绿色发展，更关乎西部地区、长江经济带乃至我国生态文明和绿色发展的全域，已成为新时代区域协调发展和产业高质量发展面临的重要发展课题。成渝地区双城经济圈必须担起“上游责任”，立足“四个机遇”“四个优势”，在生态优先，绿色发展的框架下，在共抓大保护不搞大开发的要求下，学好用好两山论、走深走实两化路，审慎处理好“社会—经济—环境”的系统关系，走生态友好的工业可持续发展道路，走出一条更加绿色、集聚的现代生态工业发展之路，构建更加系统、完善的全域现代生态工业体系，协同发挥长江经济带绿色发展示范作用。

## 四、是保持区域经济可持续发展的重要导向

1987 年，联合国世界环境与发展委员会（WECD）发表报告《我们共同的未来》，正式提出可持续发展的概念——既满足当代人的需要，又不对后代人满足其需要的能力构成危害的发展。可持续发展是对传统发展观念的传承和创新，是在传统发展关注经济增长的基础上，充分考虑到经济发展对生态环境、能源资源等因素的影响，而建立的一种新型发展理念，其实质是经济与环境的协调发展。现代工业尤其是现代制造业是区域经济可持续发展最重要的引擎。我国改革开放以来的经济发展充分证明，工业经济的强大推力能够推动国家经济快速提升，但全球升温、极端气候等生态环境恶化与不可再生资源瓶颈两大问题始终困扰着工业经济的未来发展，人类清醒意识到工业经济必须具备可持续发展的能力，才能应对越来越深入的工业化，解决生态环境与资源瓶颈问题。习近平总书记在《推动形成优势互补高质量发展的区域经济布局》文中提到，要尊重客观规律，生态功能强的地区要得到有效保护，创造更多生态产品。成渝地区双城经济圈地处祖国西部、长江经济带重要连接点、长江上游重要生态屏障区，在新时代西部大开发中、在长江流域生态系统和我国生态安全中都具有十分重要的地位，兼具资源基础好、发展动力足、生态功能强等特征。在新时代新征程中，学好用好“两山论”、走深走实“两化路”，立足“四个优势”发挥“三个作用”，如何走出一条“生态 + 工业”的特色道路，构建符合新时代特征和绿色发展要求的现代生态工业经济体系，通过转方

式、优结构、转动力，实现更高效益的工业经济发展水平、更高质量的工业经济增长方式，是加强成渝地区双城经济圈生态文明建设、加快推进新型工业化，实现生态美和百姓富的有机统一和必然要求。

## 五、是促进区域经济高质量发展的历史使命

习近平总书记指出，我国经济由高速增长阶段转向高质量发展阶段，对区域协调发展提出了新的要求，不能简单要求各地区在经济发展上达到同一水平，而是要根据各地区的条件，走合理分工、优化发展的路子，要形成几个能够带动全国高质量发展的新动力源，特别是京津冀、长三角、珠三角三大地区，以及一些重要城市群。成渝地区双城经济圈是我国重要的工业尤其是制造业集聚区，近年来“双城带双圈、双圈带双地”的增长极效应不断显现、工业化从中期向后期演变的阶段性特征也更加明显，必须始终把工业作为成渝地区双城经济圈现代化经济体系建设的重中之重，并切实发挥工业尤其是制造业在成渝地区双城经济圈建设现代产业体系中的主体作用，推动工业尤其是制造业高质量一体化发展，加快现代工业体系建设，做大做强优势制造业集群。但是，目前成渝地区双城经济圈发展仍然面临重工业占比偏高（占比约60%以上，资源能源消耗大、利用率低）、工业能级不强（规模工业总量仅相当于京津冀的70%、长三角的25%左右）、产业链低端（如汽车产量占全国13%左右，但产值仅占全国约8%）、产业协作不够（如四川的资源、原料和创新优势尚未与重庆的制造优势形成叠加放大效应）等全域工业发展短板。面对复杂严峻的国际形势和国内经济发展新常态，需要站在新阶段、把握新机遇、根据新要求解决新问题，在生态优先，绿色发展的框架下，在共抓大保护，不搞大开发的要求下，谋划走出一条更加绿色、集聚的现代生态工业发展之路，构建更加系统、完善的全域现代生态工业体系，协同发挥长江经济带绿色发展示范作用，共同致力加快高质量发展步伐，有力引领带动西部探索产业生态化、生态产业化。

## 六、是贯彻落实各级规划的创新举措

自2020年1月中央财经委员会第六次会议专题部署成渝地区双城经济

圈建设并上升为国家战略以来，川渝两地全面贯彻习近平总书记重要讲话精神和党中央决策部署，已召开多次党政联席会议、多次常务副省市长协调会议和多次联合办公室主任调度会议、签署双边合作协议200多份。其中，两地共同制定贯彻落实《成渝地区双城经济圈建设规划纲要》联合实施方案，谋划出台加强重庆成都双核联动引领带动双城经济圈建设行动方案，配合国家部委编制的7个规划（方案）总体进展顺利、首批共同编制的13个规划（方案）有序推进，为成渝地区双城经济圈全域发展、产业集聚、协作补链成群迎来更好规划和政策红利期。与此同时，《中华人民共和国国民经济和社会发展第十四个五年规划和2035年远景目标纲要》《重庆市国民经济和社会发展第十四个五年规划和二〇三五年远景目标纲要》《四川省国民经济和社会发展第十四个五年规划和二〇三五年远景目标纲要》及相应的国家“十四五”循环经济规划、国家“十四五”及中长期制造业发展相关规划（制定中）、重庆市制造业高质量发展“十四五”规划、四川省关于推动制造业高质量发展的意见等陆续出台，进一步明确了加快发展现代产业体系、加快发展方式绿色转型任务，明确了长江经济带协同推动生态环境保护和经济发展，发挥产业协同联动整体优势，构建绿色产业体系，打造人与自然和谐共生的美丽中国样板等，为成渝地区双城经济圈优化工业结构、深化工业创新、推动工业绿色发展，构建绿色可持续的现代生态工业体系创造了更多机遇和条件。

## 第二节 成渝地区双城经济圈工业发展基础

成渝地区双城经济圈位于“一带一路”和长江经济带交汇处，是西部陆海新通道的起点，具有连接西南西北，沟通东亚与东南亚、南亚的独特优势，是我国西部人口最密集、产业基础最雄厚、创新能力最强、市场空间最广阔、开放程度最高的区域，在国家发展大局中具有独特而重要的战略地位。域内水系纵横、森林覆盖率高，涵盖嘉陵江、乌江、岷江、沱江、涪江等长江重要支流以及其他支流、湖泊、水库、渠系为支撑的绿色生态廊道，以及龙门山、华蓥山、大巴山等为依托的绿色生态屏障，在长江流域生态系统和我国生态安全中具有独特而重要的生态地位。

## 一、工业发展历史悠久

成渝自古一家亲，是我国重要的老工业基地、我国工业尤其是制造业的重要集聚区，具有悠久的工业发展历史，在新中国成立和发展的进程中担负了工业尤其是制造业建设的发展重任，在西部乃至全国新型工业化、城镇化进程中具有重要的地位和影响。总体来看，成渝地区的工业发端于抗战时期，起步于"一五"时期，奠基于国家"三线"建设，加快于改革开放，升级于重庆直辖，勃兴于西部大开发，现代化转型于三次成渝发展战略。

**表5－1　成渝两地工业发展主要历史进程**

| 阶段 | 阶段特征 | 主要工业业态 |
|---|---|---|
| 抗战时期 | 为应对抗战，以军工企业为首的大量工业企业内迁至以重庆为重点的成渝地区，重庆就成了中国大后方兵器工业的中心，初步建立起成渝的近代工业体系 | 主要为枪炮、弹药、钢铁、机械、化工、纺织等大后方军工及民用行业等 |
| "一五"时期 | 我国工业基础搭建的重要时期，这一阶段苏联的156个重点援建项目，一举奠定了我国工业和制造业基础，当时的四川省（含四川和重庆）是重点发展区域 | 主要为电子、电器、电机、电能等，如新建了长虹电子控股、九洲电器、西南无线电器材厂、重庆发电厂、狮子滩水电站、成都电机厂、国营红光电子管厂、锦江电机等一批重点企业 |
| "三线"时期 | 1964年，我国决定建设第二套完整的国防工业和重工业体系，将国防、科技、工业、交通等生产资源逐步迁入三线地区，成渝地区成为全国重要的兵器、民用机械、医药、化工等生产基地 | 形成以机械、兵器、冶金、机床、汽车、仪表等重型工业为主的工业体系 |

续表

| 阶段 | 阶段特征 | 主要工业业态 |
| --- | --- | --- |
| 改革开放—重庆直辖 | 社会主义市场经济开始发展，经济体制改革试点和“军转民”战略推进，成渝地区工业尤其是制造业开始向现代化、多元化、内涵化转变 | 重工业逐步围绕农业、消费品工业、国民经济技术改造、出口和国防现代化建设等方面转变服务方向，机械工业注重以技术改造为主的内涵扩大再生产，能源、交通、通信、原材料等基础产业陆续加强 |
| 重庆直辖后—成渝经济区规划前 | 2002年双方签订《重庆—成都经济合作会谈纪要》，首次表示共同打造“成渝经济走廊”，成渝地区逐步发展成为我国内地综合性工业基地。但主要表现为资源型工业和重工业主导的模式，主要以高耗能、高污染、低效率的生产方式为主导，部分地区之间存在重复建设和无序开发，能源消耗总量和排放总量上升 | 以重工业为主，行业门类逐步齐全，逐步形成汽车、摩托车为主体的机械工业，以及以天然气化工和医药化工为重点的化学工业和装备制造、钢铁冶金、机电设备等一系列工业体系 |
| 成渝经济区时期 | 2011年，国务院正式批复《成渝经济区区域规划》，成为继长三角、珠三角、京津冀之后的中国经济增长的第四增长极，其发展对西部乃至我国经济的发展都具有重要影响。更加注重生态安全，明确提出长江上游生态安全的保障区战略定位，统筹生态建设、环境保护、资源利用与经济社会发展，大力发展循环经济，提高资源节约集约利用水平，推动绿色发展，构建生态屏障，保障长江上游生态安全 | 提出打造全国重要的现代产业基地，积极承接国内外产业转移，加快产业结构优化升级，形成若干规模和水平居全国前列的先进制造和高技术产业集群 |

续表

| 阶段 | 阶段特征 | 主要工业业态 |
| --- | --- | --- |
| 成渝城市群时期 | 2016年，《成渝城市群发展规划》印发，提出到2020年，基本建成经济充满活力、生活品质优良、生态环境优美的国家级城市群 | 提出打造全国重要的现代产业基地，加快推进新型工业化进程，培育壮大新动能，加快发展新经济，创新承接产业转移，发展壮大先进制造业，打造全国重要的先进制造业和战略性新兴产业基地，建成产业链完善、规模效应明显、核心竞争力突出、支撑作用强大的现代产业基地。逐步形成以电子信息、装备制造、食品饮料、先进材料、绿色化工等为主的制造业体系 |
| 成渝地区双城经济圈时期 | 2020年1月，中央财经委员会第六次会议提出推动成渝地区双城经济圈建设，打造具有全国影响力的重要经济中心、科技创新中心、改革开放新高地、高品质生活宜居地，打造带动全国高质量发展的重要增长极和新的动力源。2020年底，《成渝地区双城经济圈发展规划》下发 | 推动在电子信息、高端装备、新材料、生物医药等重点产业率先合力延链强链补链，打造具有国际竞争力的电子信息、装备制造、消费品产业集群和具有全国影响力的大健康、材料等产业集群，建设国内重要的先进制造业基地 |

## 二、工业体系不断健全

成渝地区双城经济圈工业体系完备、制造业门类齐全，拥有全部31个制造业大类，形成了电子信息、装备制造、消费品、材料、化工等制造业集群，一些领域技术在国内处于领先。同时，新型显示、集成电路、物联网、新材料、新能源汽车等战略性新兴产业快速起跑，相关领域企业加速集聚。从总量看，成渝地区双城经济圈工业总产值已超过6万亿元，占全国比重接近6%，约25家企业进入中国制造业500强，带动了中小制造企业集聚发展。从分布看，成都地区在批发业、零售业、商务服务业、软件和信息技术服务业等三次产业方面活力更强，服务业更为发达，但近几年基础软件开发、商务服务业、组织管理服务、建材批发等行业小类呈现快速发展态势。重庆在制造业方面的底子和基础则更胜一筹，尤其在汽摩制造、电子制造和装备制造领域占比更高。从结构看，成渝地区规模工业主要集中在电子制造业、装备制造业、食品饮料、先进材料、能源化工等方面，其中电子制造业主要代表产品包括微型计算机、笔记本电脑、手机、集成电路、家电等，装备制造主要包括汽车、摩托车、通机、输变电设备、能源装备等。从优势产业看，近几年成渝两地形成了以电子信息和装备制造（含汽摩）为主导、在细分领域又各有优势的制造业体系，其中在龙头上最突出两个节点是摩托车整车制造以及零部件及配件制造，同时电气信号设备装置制造以及香料作物种植、竹材采运、白酒制造、柑橘类种植、水轮机及辅机制造、天然气开采等也具有一定优势，整体看重庆、成都产业既有同质化竞争性，又不乏互补性，未来可塑性很强。

### 专栏 5－1　重庆和成都都市圈的优势产业分布

重庆：经过开埠、陪都时代、三线建设、计划单列市、直辖等重大时期发展建设，目前已经形成以电子、汽车、装备、化工、材料、消费品和能源等为主导的多点支撑产业体系，拥有中国 41 个工业大类中的 39 个，其中电子、汽车两大支柱性产业在全国甚至世界范围内都具有一定的影响力，是全球最大的笔记本电脑生产基地和中国重要的汽车、摩托车、手机生产基地。总体看，金属制品、通用及专用设备制造及仪器仪表的产业核心集群具备比较优势，同时摩托车整车制造、零部件及配件制造、电气信号设备装置制造等制造业行业小类具备非常突出的产业优势。

成都：产业核心集群中的金属制品、通用及专用设备制造及仪器仪表类都是具备比较优势的产业，同时电子信息、装备制造、医疗健康、航天器制造等比较优势突出，同时光学玻璃制造、天然气开采、白酒制造、氮肥磷肥制造、柑橘类种植等行业小类也具备比较优势。

资料来源：清华城镇化智库。

## 三、工业合作纵深推进

从成渝地区双城经济圈的工业发展历史可以看到，自近代工业起步以来，成渝工业发展始终是在整体格局统筹下的差异化竞争式发展，随着成渝经济区、成渝城市群、成渝地区双城经济圈战略的不断纵深推进，两地工业合作的力度也在不断走向深入。从2020年1月第六次中央财经委员会明确提出成渝地区双城经济圈建设战略以来，两地围绕打造全国重要的先进制造业基地，聚焦产业发展做强项、建基地、强链条、聚要素，积极构建分工协作、有序竞争、相互融合的现代产业发展格局，现代产业体系加快培育。其中，工业互联网一体化发展积极推进，围绕制造业发展互相配套，各城市之间加大产业合作力度，两地企业互相供应零部件和销售产成品，成渝地区双城经济圈汽车、电子信息产业全域配套率提升至80%以上，同时联合制定汽车、电子信息产业高质量协同发展实施方案；共同创建国家数字经济创新发展试验区，共建5G网络覆盖项目，聚焦量子信息、第三代半导体、下一代人工智能等前沿技术与创新产品，共同谋划实施一批未来产业和产业地标；渝北区、成都市等8市（区）协同建设世界级先进装备制造业集群，两江—长寿—涪陵—垫江万亿级产业集群入列全国20个县城产业转型升级示范园区，首批江津工业园、空港工业园区等20个成渝地区双城经济圈产业合作示范园区名单并授牌等。整体看，成渝地区双城经济圈工业合作进展顺利、特色突出，为两地共建先进制造业基地打下了坚实基础。

## 四、工业平台支撑增强

目前，成渝地区双城经济圈已经搭建起一批具有带动和承载作用的重大工业发展平台。从国家级平台看，拥有两江新区、天府新区2个国家级新区，重庆、四川2个自贸区，重庆高新区、成都高新区等12个国家级高新区，重庆经开区、成都经开区等11个国家级经开区，两路寸滩、西永等9个国家级综合保税（港）区，150余个省（市）级特色产业园区以及中新（重庆）互联互通示范项目和4个国家物流枢纽为支撑的工业发展平台体系，以上平台基本集聚了成渝两地80%以上的规模工业经济总量。从区域合作平台看，近年两地通过建设川渝合作示范区（广安片区、潼南片区、合江片区）、川渝合作共赢先行区（荣昌）等，强化产业通道合作，促进产业协作配套，共建区域市场。尤其是成渝地区双城经济圈建设上升为国家战略以来，两地进一步加强发展平台共建力度，联合印发了《川渝毗邻地区合作共建区域发展功能平台推进方案》，明确了围绕川东北与东北地区一体化发展、成渝中部地区协同发展、川南渝西地区融合发展分别布局建设功能平台，其中川渝高竹新区、遂潼川渝毗邻地区一体化发展先行区已启动建设，其他功能平台也在加快出台方案。

## 专栏5－2　《川渝毗邻地区合作共建区域发展功能平台推进方案》明确的功能平台布局

川渝毗邻地区合作共建平台是推动成渝地区双城经济圈建设的重要载体，联手打造改革开放新高地是推动成渝地区双城经济圈建设的重要目标，毗邻地区在这方面必须率先探索。2020年7月，重庆市人民政府办公厅　四川省人民政府办公厅联合下发《重庆市人民政府办公厅　四川省人民政府办公厅关于印发川渝毗邻地区合作共建区域发展功能平台推进方案的通知》，通知明确的功能平台布局如下：

围绕川东北渝东北地区一体化发展布局建设功能平台。加快创建万达开川渝统筹发展示范区，推动梁平、垫江、达川、大竹、开江、邻水等环明月山地区打造明月山绿色发展示范带，支持城口、宣汉、万源建设革命老区振兴发展示范区。

围绕成渝中部地区协同发展布局建设功能平台。推动广安、渝北共建高滩茨竹新区，支持合川、广安、长寿打造环重庆主城都市区经济协同发展示范区，推进遂宁、潼南建设一体化发展先行区，推动资阳、大足共建文旅融合发展示范区。

围绕川南渝西地区融合发展布局建设功能平台。推动内江、荣昌共建现代农业高新技术产业示范区，加快泸州、永川、江津以跨行政区组团发展模式建设融合发展示范区。

资料来源：川渝毗邻地区合作共建区域发展功能平台推进方案。

# 第三节 工业生态化水平评价

## 一、评价体系

根据《中共中央办公厅 国务院办公厅关于印发〈生态文明建设目标评价考核办法〉的通知》（厅字〔2016〕45号）要求，参考国家发展改革委、国家统计局、环境保护部、中央组织部制定的《绿色发展指标体系》和《生态文明建设考核目标体系》（发改环资〔2016〕2635号）指导，借鉴国内学术学者关于“产业生态化”的测度评价研究的思路和结论，本研究分析认为，现代工业生态化重在加强因产业发展而产生的污染防治，提高全过程资源能源利用效率。因此，从资源利用、污染防治、生态保护、经济效益四个维度进行考量，构建起涵盖15个指标的现代工业生态化评价体系，全面评价成渝地区工业生态化发展质量。

**表5－2 工业产业生态化评价目标体系**

| 一级指标 | 序号 | 二级指标 | 单位 |
|---|---|---|---|
| 资源利用 | 1 | 万元工业产值能源消耗 | 吨标煤/万元 |
| | 2 | 万元工业产值用水量 | 吨/万元 |
| | 3 | 万元工业产值耗电量 | 度/万元 |
| | 4 | 工业用地投资强度 | 亿元/亩 |
| | 5 | 一般工业固体废物综合利用率 | % |
| 污染防治 | 6 | 单位工业产值废水排放量 | 吨/元 |
| | 7 | 单位工业产值二氧化碳排放量 | 吨/元 |
| | 8 | 单位工业产值二氧化硫排放量 | 吨/元 |
| | 9 | 单位工业产值烟（粉））排放量 | 吨/元 |
| | 10 | 工业污水集中处理率 | % |
| | 11 | 工业污染治理投资占工业总产值比重 | % |
| 生态保护 | 12 | 重要江河湖泊水功能区水质达标率 | % |
| | 13 | 森林覆盖率 | % |

续表

| 一级指标 | 序号 | 二级指标 | 单位 |
|---|---|---|---|
| 经济效益 | 14 | 战略性新兴产业增加值占 GDP 比重 | % |
| | 15 | 工业利润 | 万元 |

## 专栏 5－3　评价指标体系构建说明

1. 评价指标体系构建思路

立足成渝地区双城经济圈现代工业产业生态化的基础和面临环境，围绕“十四五”时期的示范发展重点方向，特别是应对碳达峰后的稳步减排要求，参照“产业生态化、生态产业化”发展战略，以新发展理念为指导，兼顾产业发展和生态保护、经济结构和综合效益，充分考量成渝双城经济圈特征和数据指标可获得性，从资源利用、污染治理、生态保护、经济效益四大维度，构建形成成渝地区双城经济圈现代工业生态化发展的评价体系。

2. 评价指标体系构建原则

——前瞻性和可操作性相结合。设计评价指标时，既要对未来发展趋势有科学精准的判断，也要注意数据的可量化、可获取和纵向横向可比。

——问题导向和目标导向相统一。在考虑成渝地区双城经济圈现代工业生态化的示范发展方向重点的同时，又要结合当前的短板和问题，突出指标的导向和激励作用。

——与上位规划相衔接。选取指标时参考全国、长江经济带、成渝地区双城经济圈的生态环保规划、绿色发展规划等关于“两化”方面的指标。

3. 评价体系指标选择

遵循评价体系构建思路和基本原则，最终确定 4 个一级指标 15 个二级指标，涵盖成渝地区双城经济圈推动现代工业生态化的示范发展重点任务。各级指标设置具体考虑如下：

——资源利用水平。该维度主要衡量“现代工业生态化”导向下成渝地区双城经济圈资源能源的综合利用情况，重在引导节约集约、循环高效利用。下设 5 项指标，其中，万元工业产值能源消耗、万元工业产值用水量、万元工业产值耗电量、工业用地投资强度四项指标是衡量成渝地区双城经济圈单位产出的主要能源、水、电、土资源投入情况；一般工业固体废物综合利用率主要代表现代工业领域固废物回收再利用情况，旨在倡导资源的循环高效利用，提高生产全过程资源利用率。

——污染防治水平。该维度主要衡量“产业生态化”导向下，现代工业发展为保持提升环境质量而采取的污染防治措施及效果。下设6项指标，其中，单位工业产值废水排放量代表现代工业污染水量排放情况，对应“产业生态化”下的水体环境质量改善；单位工业产值二氧化碳排放量代表因产业转型升级、能源结构改变带来的二氧化碳排放情况变化，是我国碳达峰行动的重要内容；单位工业产值二氧化硫排放量、单位工业产值烟（粉）排放量代表现代工业废气量排放情况，对应“产业生态化”下的空气环境质量改善；工业污水集中处理率、工业污染治理投资占工业总产值比重则衡量企业、地方政府及全社会在环境污染治理方面的重视程度和投入情况。

——生态保护水平。该维度主要衡量“产业生态化”导向下成渝地区双城经济圈对自然生态系统的保护力度、保护效果以及保护意识。成渝生态由尤以山水见长、享誉世界。下设2项指标，其中，重要江河湖泊水功能区水质达标率体现自然环境水体质量和保护程度；森林覆盖率体现山体、森林等生态系统保护和国土绿化实施效果。

——经济效益水平。该维度主要衡量“产业生态化”导向下，工业经济结构优化带来的经济效益。下设2项指标，其中，战略性新兴产业增加值占GDP比重衡量通过产业结构优化为资源环境承载减压的程度；现代工业利润则衡量现代工业产业发展情况，代表将现代工业生态系统功能价值转化为市场经济价值的能力。

## 二、评价方法

在上述评价指标体系基础上，基于数据的可取性，采用熵权—灰色关联评价模型来计算全国各省（市）工业生态化得分，进行比较评价。

灰色关联度分析是系统态势的量化比较分析，其实质是通过比较数据序列曲线几何形状的接近程度来判断其联系紧密程度，几何形状越接近，变化趋势也就越接近，关联度就愈大。信息熵分析是指用来判断某个指标的离散程度的数学方法，离散程度越大，对该指标对综合评价的影响越大，这里用信息熵确定指标权重。

选择该模型主要考虑以下几方面因素：一是与传统的多因素分析方法相比，灰色关联分析具有对样本量要求低、不需要典型的分布规律、计算量比较小的特点，因此该方法已被广泛应用于社会和自然科学等各个领域。二是从国内外现有研究成果来看，灰色关联度分析法在综合评价方面有着较好的应用效果。三是结合信息熵评价来进行当中的权重分配，有利于避免传统灰色关联分析模型权重分配和确定存在一定主观性的问题所带来的影响和干扰，使评价结果更客观、合理。

---

## 专栏5－4 熵权—灰色关联评价模型

1. 对原始数据初值化处理

评价指标中，假设每一项指标的原始数列为$x_0 = \{x_0(1), x_0(2) \cdots\cdots x_0(n)\}$，初始化处里后得到数列$y_\infty$，为了消除数列量纲之间的差异，对一个数列的所有数用它的平均数去除，从而得到一个新数列$\bar{x}_0 = \frac{1}{n}\sum_{k=1}^{n} x_0(k)$，则$y_0 = \{y_0(1), y_0(1) \cdots\cdots y_0(1)\} = \left\{\frac{x_0(1)}{\bar{x}_0}, \frac{x_0(2)}{\bar{x}_0} \cdots\cdots \frac{x_0(n)}{\bar{x}_0}\right\}$。

2. 确定关联系数

以主行为因子作为参考数列，$\Delta_{ij}(k) = |y_i(k) - y_j(k)|$，$(k=1, 2, 3\cdots\cdots n, j=1, 2, \cdots\cdots, i)$，相对应的差数列为：$\Delta_{ij}(k) = \Delta_{ij}(1), \Delta_{ij}(2), \cdots\cdots, \Delta_{ij}(n))$，则比较数列对于参考数列$x_0$在第$k$点的关联系数为：

$r(x_i(k), x_j(k)) = \frac{\min\min \Delta_{ij}(k) + \alpha^* \max\max \Delta_{ij}(k)}{\Delta_{ij}(k) + \alpha^* \max\max \Delta_{ij}(k)}$其中，$\alpha$是分辨系数，通常取值为0.5，灰色关联公式为：

$$r_{ij} = r(x_i, x_j) = \frac{1}{n}\sum_{i=1}^{n} r(x_i(k), x_j(k))$$

3. 计算各指标的熵值

假设全国所构成原始数据矩阵为：

$$M = \begin{bmatrix} x_{11} & x_{12} & \cdots & x_{1n} \\ x_{21} & x_{22} & \cdots & x_{2n} \\ \vdots & \vdots & \cdots & \vdots \\ \vdots & \vdots & \cdots & \vdots \\ x_{n1} & x_{n2} & \cdots & x_{nn} \end{bmatrix} \text{n} = 32$$

标准化处理 $k_{ij} = \dfrac{x_{ij}}{\sum_{i=1}^{32} x_{ij}}$

每项指标的熵值为：

$H_{ij} = -\dfrac{1}{\ln 32} k_{ij} \ln k_{ij} = -\dfrac{1}{\ln 32} \dfrac{x_{ij}}{\sum_{i=1}^{32} x_{ij}} * \ln\left(\dfrac{x_{ij}}{\sum_{i=1}^{32} xij}\right)$，其中 H 又称为平均信息量。

4. 计算各指标工业生态化评价分数

用灰色关联度法确定各个指标的权重，$r_{ij} = r(x_i, x_j) = \dfrac{1}{n}\sum_{i=1}^{n} r(x_i(k), x_j(k))$，从而各地区工业生态化绩效得分计算公式为：

$$R_i = \sum_{j=1}^{n} H_{IJ} * r(x_i, x_j)$$

$$= \sum_{j=1}^{n} \left[ -\frac{1}{\ln 32} \frac{x_{ij}}{\sum_{i=1}^{32} x_{ij}} * \ln\left(\frac{x_{ij}}{\sum_{i=1}^{32} xij}\right) * \frac{1}{n} \sum_{i=1}^{n} r(x_i(k), x_j(k)) \right]$$

## 三、评价结果

根据熵权—灰色关联评价模型，可以得到全国各省（市）工业生态化发展水平综合得分。

**表5-3 全国现代工业产业生态化评价得分表**

| | 综合得分 | 资源利用 | 污染防治 | 生态保护 | 经济效益 |
|---|---|---|---|---|---|
| 北 京 | 0.39 | 0.46 | 0.37 | 0.35 | 0.36 |
| 天 津 | 0.48 | 0.70 | 0.36 | 0.52 | 0.43 |
| 河 北 | 0.37 | 0.62 | 0.34 | 0.08 | 0.41 |
| 山 西 | 0.28 | 0.41 | 0.40 | 0.08 | 0.38 |
| 内蒙古 | 0.22 | 0.33 | 0.38 | 0.10 | 0.28 |
| 辽 宁 | 0.23 | 0.28 | 0.20 | 0.45 | 0.06 |
| 吉 林 | 0.19 | 0.49 | 0.22 | 0.44 | 0.10 |
| 黑龙江 | 0.18 | 0.29 | 0.22 | 0.43 | 0.07 |
| 上 海 | 0.56 | 0.83 | 0.52 | 0.37 | 0.68 |
| 江 苏 | 0.62 | 0.88 | 0.47 | 0.54 | 0.64 |
| 浙 江 | 0.60 | 0.87 | 0.48 | 0.68 | 0.62 |
| 安 徽 | 0.54 | 0.85 | 0.44 | 0.48 | 0.53 |
| 福 建 | 0.51 | 0.69 | 0.39 | 0.51 | 0.42 |
| 江 西 | 0.39 | 0.42 | 0.34 | 0.48 | 0.34 |
| 山 东 | 0.54 | 0.72 | 0.3 | 0.37 | 0.56 |
| 河 南 | 0.32 | 0.73 | 0.26 | 0.19 | 0.36 |
| 湖 北 | 0.40 | 0.55 | 0.22 | 0.38 | 0.41 |
| 湖 南 | 0.41 | 0.78 | 0.2 | 0.37 | 0.45 |
| 广 东 | 0.79 | 0.81 | 0.43 | 0.44 | 0.84 |
| 广 西 | 0.27 | 0.52 | 0.21 | 0.38 | 0.30 |
| 海 南 | 0.25 | 0.43 | 0.19 | 0.39 | 0.29 |
| 成 渝 | 0.49 | 0.48 | 0.43 | 0.46 | 0.52 |
| 贵 州 | 0.36 | 0.54 | 0.20 | 0.38 | 0.46 |
| 云 南 | 0.37 | 0.42 | 0.21 | 0.46 | 0.38 |
| 西 藏 | 0.15 | 0.65 | 0.17 | 0.33 | 0.07 |
| 陕 西 | 0.41 | 0.59 | 0.24 | 0.36 | 0.42 |
| 甘 肃 | 0.29 | 0.34 | 0.19 | 0.32 | 0.28 |
| 青 海 | 0.30 | 0.32 | 0.18 | 0.22 | 0.27 |
| 宁 夏 | 0.23 | 0.31 | 0.18 | 0.18 | 0.27 |
| 新 疆 | 0.19 | 0.29 | 0.16 | 0.18 | 0.20 |

一是工业生态化发展水平处于全国前列。成渝地区双城经济圈工业绿色低碳化转型加快发展，循环现代工业园区、绿色工业园区建设扎实有力，尤其是截至2019年，重庆已累计创建国家级绿色园区3个、国家级绿色工厂35家，市级绿色园区和绿色工厂示范单位94家，对两地现代工业生态化发展支撑作用不断增强。从综合得分上看，成渝地区双城经济圈工业生态化发展总体水平高于国内平均水平，排名国内第八、西部地区第一，说明两地二业生态化转型处于国内前列地位，加快向低消耗、低排放的可持续发展迈进。

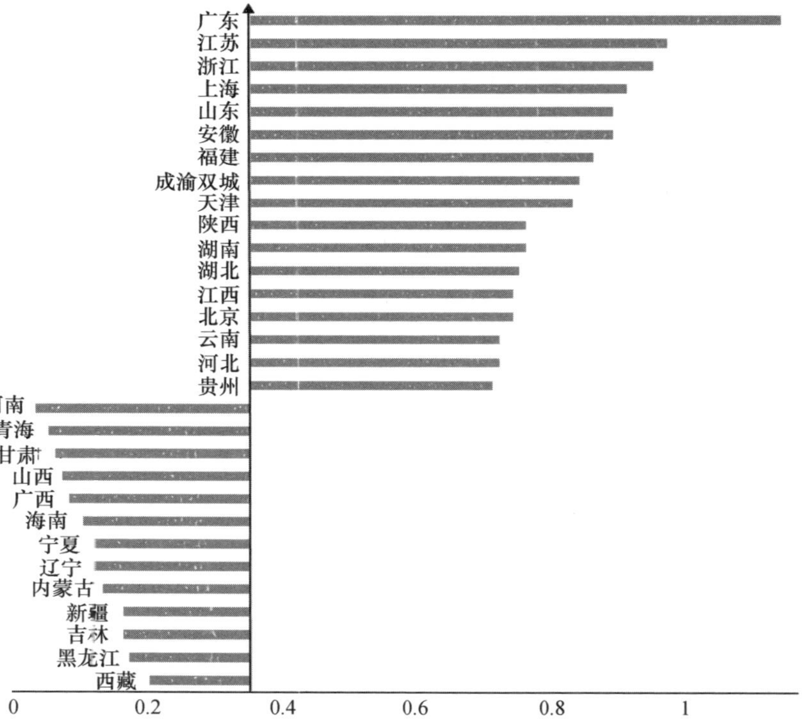


**图5-1　国内各省（市）工业生态化总体得分排序**

二是在资源利用方面处于全国中游水平。当前，成渝地区双城经济圈工业正处于产业结构深度调整期，从规模以上工业企业现代工业总产值来看，农副食品加工业、化学原料和化学制品制造业、非金属矿物制品业、汽车制造业、医药制造业、电力热力的生产和供应业等传统领域增加值占比接近40%。同时，受产业技术水平不高和工业内部结构优化水平较低等影响，导致较大的资源消耗与浪费，因此成渝地区双城经济圈二业发展在资源利用方面与东部发达地区相比仍存在较大差距。

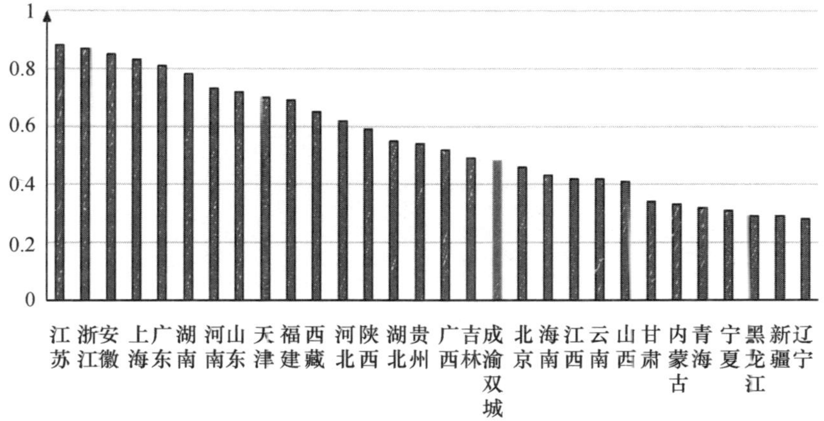


**图5－2　国内各省（市、自治区）工业发展在资源利用方面得分排序**

三是在污染防治方面处于全国领先地位。近年来，成渝地区不断夯实“两化”发展自然本底，长江上游重要生态屏障进一步筑牢，工业节能减排，污染防治等方面取得较大突破。例如，重庆汽车、化工等重点行业加快低碳转型，2019年规模以上企业工业综合能源消费量从2006年的0.69吨标准煤下降到0.2吨标准煤。同时，环保产业规模逐年扩张，截至2019年，重庆入统环保企业达1414家，其中184家环保企业被认定为高新技术企业，环保产业实现营业收入1032.8亿元，都极大提升了工业污染防治的能力。从得分上看，成渝地区工业在污染防治方面远高于国内平均水平，排名国内第六、西部地区第一。

## 四、主要短板

遵循新时代绿色发展理念，对标“两高”发展目标，共同守护好成渝地区巴山蜀水美丽画卷新要求，成渝地区双城经济圈在工业发展尤其是生态工业发展方面还存在一些障碍和不足。

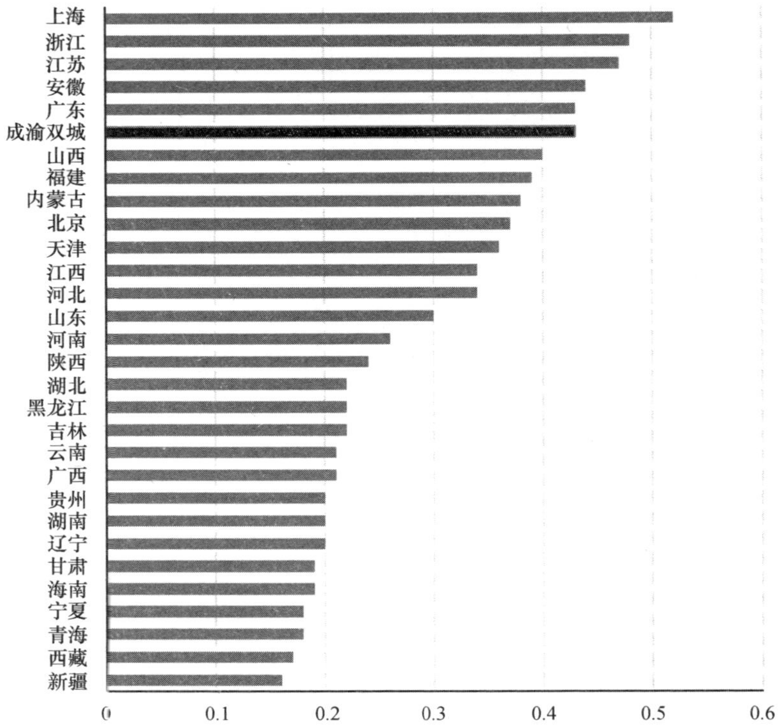


**图5-3 国内各省（市）工业发展在污染防治方面得分排序**

### （一）工业绿色发展的责任意识需要增强

党的十八大以来，习近平总书记对生态文明建设提出了一系列重大思想理论，但成渝地区双城经济圈部分区县在贯彻落实相关理论和重要指示的力度仍需进一步增强。从生态环境部网站可以看到，如潼南区先后在潼南工业园（北区）引进20个规划明令禁止的工业项目，导致园区环境问题突出，群众反映强烈，2017—2019年间群众举报多达625件；再如2016年重庆市政府及区县政府承诺严格按照第一轮中央环保督查要求开展整改工作，但是2019年第二轮中央环保督查发现，合川工业园区渭沱组团、江津硌璜工业园区均未按要求建成污水处理厂。① 同时，在整治纳税大户企

① 《中央第四生态环境保护督察组向重庆市反馈督察情况》，生态环境部网站，2020年5月9日，http：//www. mee. gov. cn/xxgk2018/xxgk/xxgk15/202005/t20200509_ 778512. html。（上网时间：2020年5月9日）

业的污染行为等方面，需要加强制度约束，如部分区县政府对治理“三线一单”范围内的医药化工、冶金等高污染企业（往往是区县财政的纳税大户）的硬约束力度还有待加强。

### （二）工业发展的能级和竞争力仍然偏弱

成渝地区双城经济圈经历了从军用到军转民再到多元化和转型升级发展等主要阶段，传统军工企业和重工业的发展模式带来的高耗能、高污染、低效率、重复开发等历史遗留问题仍然部分存在，域内的土壤耕地重金属污染治理和流域水污染生态修复需要长期不懈努力。同时，成渝地区双城经济圈正处于工业化中期阶段，工业推进方式还存在明显的粗放型特点，如重工业占比偏高（占比约60%以上，资源能源消耗大、利用率低）、工业能级不强（规模工业总量仅相当于京津冀约70%、长三角的25%左右）、产业链低端（如汽车产量占全国13%左右，但产值仅占全国8%）、产业协作不够（如四川的资源、原料和创新优势尚未与重庆的制造优势互补结合）等全域工业发展短板。与此同时，规模工业在全国产业发展格局中也缺乏综合竞争优势，产业技术、创新能力、产业附加值与先进城市群相比还存在较大差距，如电子制造业总规模不足江苏一省、“皇冠上的明珠”的集成电路产业规模偏小、汽车单车均价和利润均低于全国平均水平。

### （三）工业生态化的支撑基础还比较薄弱

在2020年5月第二轮首批中央环保督察中，发现部分地方和部门在推进生态环境保护工作中认识不够到位，行动不够自觉，对贯彻落实长江大保护战略决策认识不深入，如重庆市经信委对沿江化工企业底数不清、情况不明，对沿江1千米范围内的多家特大型、利税大户化工企业没有纳入监管清单。① 同时，成渝两地与沿海省市相比，工业内部结构欠优，六大高耗能行业能源消费占比偏重，如2020年，重庆六大高耗能行业综合能源消费量占全市规上工业比重为83%，高于全国平均水平8个百分点，但其工业增加值仅占全市工业的21%，节能降耗方面的压力和难度仍然不小。与此同时，两地在氢能、零碳、储能等方面的先进技术滞后，减碳降碳技

① 《环保督察批重庆保护长江不力：河长不知自己管哪条河》，新京报网，2020年5月9日，https：//news. sina. com. cn/c/2020－05－09/doc－iircuyvi2216122. shtml。（上网时间：2020年5月9日）

术成本偏高，企业主动性也不强，制约了两地工业生态化的发展。同时，两地目前在先进制造业培育等方面仍然缺乏重大项目带动，还需进一步系统谋划和推动。

### （四）协同推进工业发展合作机制待加强

推进工业高质量发展尤其是工业生态化建设，需要在重庆和四川政府的共同主导下，建立广泛的区域合作机制和利益协调机制，实施有效的建设行动，目前来看有效推进工业生态化的跨区域政府合作机制还存在较大难度。一是两地在产业链、供应链、创新链等方面尚未实现深度融合，特别是四川的资源优势、原料优势和创新优势尚未与重庆的制造优势形成叠加和放大效应，同时装备制造、生物医药等重点产业补链成群、高端化升级、一体化发展等方面的合作仍待完善，存在合作形式大于实际。二是生态环保联建联治工作层面还不高，两地合作机制主要集中在重庆的区县和四川的市之间，尚未上升到国家部委、四川省、重庆市多方工作机制层面。三是合作方法有待加强，双方生态环境部门组织开展联合执法和交叉执法行动时，在专项防治行动中，使用信息化方式方法还有待加强。四是沿长江大区域生态产业走廊建设缺乏统筹规划，且任务重、跨区域跨流域合作难度大，生态联保机制需要加快建立。五是在带动西南片区生态产业协作、产业生态合作方面，仅有合作协议，缺乏利益协调机制和制度约束机制。六是成渝两地相关市区县存在不对等的工业生态发展和保护生态的政策博弈，两地区域联系度和经济活跃度仍有较大发展空间，合作的深化细化、协议的落地落实、重大事项的统筹、重大政策的协同、重大项目的实施等仍待加强。七是社会的热情还不够，市场主体还持观望态度，市场要素自由流动不够。

## 第四节　成渝地区双城经济圈全域现代生态工业体系构建设想

成渝地区双城经济圈作为特殊的经济地理单元，具有跨地域、跨行政域、跨流域等特征，可借鉴国内外代表性城市群、代表性流域和代表性地区推进全域现代生态产业体系的经验，从全域的角度探索构建成渝地区双城经济圈现代生态工业体系。建议牢固树立“一体化”理念，强化“一盘棋”思想，推动成渝地区双城经济圈现代生态工业形成政域、台域、链域、商域、流域的“五域共建”体系架构，共同搭建宏观、中观、微观多层次，投入、生产、消费全流程的成渝地区双城经济圈现代生态工业体系。

## 一、政域共建

推进成渝地区双城经济圈行政单元的政域共建，潜力巨大、空间广阔，有利于成渝地区双城经济圈全域现代生态工业体系加速落地、产生实效。目前，两地合作机制和政策体系逐步建立健全，形成了党政联席会议、常务副省市长协调会议、联合办公室和专项组工作机制、干部互派挂职机制并签署了各类双边合作协议 240 余份，其中就包括成渝地区双城经济圈产业协同发展（制造业）战略合作框架协议、深化四川重庆合作推动成渝地区双城经济圈生态共建环境共保工作方案以及与之相配套的成渝地区双城经济圈“无废城市”共建合作协议等，明确了共同推进工业绿色转型发展，共建产业合作园区、共同推进资源共享等方向，建议围绕全域现代生态工业体系的构建，进一步明化、细化、实化相关举措。

### （一）推动签署两地生态工业分支协议

生态工业体系建设是一项系统工程，需联动两地发改委、经信委、生态环境局等相关部门以及两地各地方政府共同推动建设。在现有两地各部门间、各地方政府间签订的框架协议基础上，进一步推动双方签署共建生态工业发展分支协议，细化如工业绿色转型发展、资源共享等协议内容，从部门层面、地区层面形成生态工业发展的共识和一致导向。在预计出台的成渝地区双城经济圈生态环境保护规划中，争取将生态工业共建纳入两地生态环境保护共建的规划内容，从规划层面形成一致导向。

### （二）完善发展建设利益协调约束机制

在合作协议签署的基础上，进一步完善部门间和地区间的利益协调机制和制度约束机制，引导两地部门和地区统筹统一生态产业鼓励约束等政策，减少政策博弈。在合作协议签署的基础上，进一步完善合作协议配套落实机制，包括与合作协议相配套的事项商议机制、政策协同机制、重大项目实施机制、一张负面清单管两地举措等，清单化、项目化协议事项。

### （三）加强法律法规和政策的引导约束

加快转变政府职能，深入推进简政放权、放管结合、优化服务改革，构建职责明确、依法行政的政府治理体系，推动两地实施统一标准的政府权责清单制度，实施统一标准的市场监管、质量监管，尤其对新产业新业态新模式实行包容审慎监管。研究出台促进两地生态工业发展相关的法律法规体系，可重点围绕循环经济、低碳经济、工业废物回收等领域做文章，在各个行业规范生产者的行为。研究制定两地生态工业发展配套支持政策，如结合成渝地区双城经济圈的生态工业体系的重点发展业态，制定出台相应的重点产业扶持政策、特别金融支持政策、绿色税制政策等。统一两地管控尺度和管控责任，逐步统一两地企业环境信用评价体系和评价标准、推进企业环境信用评价结果互认，统一两地企业排污标准体系和评价体系，推动失信企业联合惩戒，加强污染风险、环境风险共同防控等。

### （四）研究建立区域性协调机构或部门

目前，两地虽已形成党政联席会议、常务副省市长协调会议、联合办公室（其中成渝地区双城经济圈办公室设在两地发改部门）和专项组工作机制以及签订部门和区县框架合作协议，但总揽强、执行弱、落地弱，如四川省经信厅、重庆市经信委尚未设立专门推动成渝地区双城经济圈工业发展的专门机构或部门。建议参考借鉴荷兰建立多层面的区域合作协调机制经验，探索研究共同组建跨区域性的公共组织（含生态工业建设）协调实体组织或机构，专门推动成渝地区双城经济圈建设（含生态工业建设），进一步推动两地经信部门设立成渝地区双城经济圈工业对口协调和发展专门部门和人员体系。

### （五）打造毗邻地区生态工业合作示范

川渝毗邻地区面积甚广，四川省有 6 市 17 县（分布在 8 个市州）与重庆 13 个区（县）毗邻，同时《川渝毗邻地区合作共建区域发展功能平台推进方案》已明确成渝地区双城经济圈的毗邻区域发展功能平台。建议在区域平台的基础上，进一步探索全面融合、一体发展的体制机制。同时，充分利用毗邻地区的山川相连、人文相亲的优势，重点研判万达开川渝统筹发展示范区、明月山绿色发展示范带、广安—渝北高滩茨竹新区、遂宁—潼南一体化发展先行区、泸州—永川—江津融合发展示范区等的现有工业发展基础、特点和优势，以及现有生态资源、基础和特点，谋划在其中推进政域生态工业合作示范区的前期论证。如在万达开川渝统筹发展示范区内，应充分立足三峡库区资源和生态环保特点，重点探索生态工业化示范；在广安—渝北高滩茨竹新区、遂宁—潼南一体化发展先行区内，应充分立足装备制造、新材料、农副食品加工等工业经济发展基础，大力推进工业生态化示范。

### （六）探索非毗邻地区的生态工业合作

坚持"一盘棋""下跳棋"思维，在推进毗邻地区示范区建设的同时，注重打破物理空间隔阂和距离，高水平探索非毗邻地区在现代生态工业建设方面的合作。建议两地发改、经信等行业主管部门积极指导和支持非毗邻地区探索共建飞地生态工业园区、组建数字化生态工业园区、打造跨区域联盟经济、建立跨区域产业链供应链链条、探索跨区域资源共享模式等，逐步建立一批高质高效的非毗邻地区高质高效合作模式，形成一批具有示范意义的典型示范合作。

## 二、台域共建

平台是工业发展的重要支撑，现代生态工业的培育发展更离不开各类战略平台的导向、各类园区平台的载体、各类科技创新平台的支持、各类基础设施平台的搭建等。从成渝地区双城经济圈的工业发展现状可以看到，目前成渝地区双城经济圈已经搭建起了一批具有带动和承载作用的重大工业发展平台，包括国家级新区、自贸区、高新区、经开区、国家级综合保税（港）区以及中新（重庆）互联互通示范项目、国家物流枢纽、150 余个省（市）级特色产业园区，可充分立足以上平台从规模工业着手，逐步培育发展壮大现代生态工业。

### （一）推动现代生态工业园区平台共建

工业园区是推动工业发展壮大的重要载体，国外在生态工业园区尤其是企业共生生态工业园区方面的建设经验已十分丰富，可参考借鉴。我国的国家生态工业园区也已成为继经济技术开发区、高新技术开发区之后的第三代工业园区，并积淀了相关的生态工业园区发展经验，但在跨地区、跨园区等方面的工业园区跨域协同合作方面仍有待进一步突破。成渝两地是我国制造业重镇，工业产业门类多、规模大，省（市）级特色产业园区达100多个，以产业园区为单元进行园域共建，既是生态工业建构的必然之举，也是推动成渝地区双城经济圈工业经济可持续增长的重要路径。

一是探索打造产业共生生态工业园区平台。借鉴丹麦卡伦堡生态工业园在打造产业共生方面的典型经验，按照工业生态学与循环经济理论，结合两地资源禀赋实际，依托100余个省（市）级工业园区，探索打造一批产业共生生态试点示范工业园区，并逐步向全域推开。在试点示范的过程中，主要通过政策、税收、奖补等形式鼓励企业通过市场手段自发进行产业共生链条创建，并根据企业合作的需要进行分阶段的资金和政策支持，同时在政策推行的过程中，要兼顾生态效益和经济效益，更多带动企业的积极性，吸引越来越多企业参与，逐步形成运行高效、结构链完整的园区产业共生生态链环境。

二是共同打造虚拟生态工业园区。借鉴朗斯维尔生态工业园区、广东南海生态工业园在打造虚拟生态工业园区方面的经验，打造成渝地区双城经济圈内跨区域、跨地域的虚拟生态工业园区试点示范，通过建立不同生态工业园区的大数据库，在模拟模型上实时建立起园区成员间的物料或能量联系，达到跨地区、跨地域生态工业园区之间的物料和能量交换、循环。

三是共建生态工业园区产学研平台。借鉴北九州生态工业园区打造产学研工业园区经验，逐步引导工业园区尤其是省（市）级工业园区和产业共生试点示范生态工业园区、试点示范虚拟生态工业园区进一步优化园区设置和布局，对设置研究区、共生利用群区等的工业园区给予相应的政策和税收优惠等支持。同时，支持打造一批产学研型的现代生态工业园区，创建集产学研于一体，集产业发展和环境保护于一体的独具特色的产业园区，并逐步探索环保人才培养、公众环保宣传培训、环保技术交流、循环低碳工艺研发等平台的搭建，实现经济效益和环境效益双结合、双丰收。

四是规划共同改造或新建生态工业园区。根据生态工业发展门类需要、区域发展试点示范需要，可重点在毗邻区域高起点、高规格改造或新建成渝地区双城经济圈特色生态工业园区，重点吸引成渝地区双城经济圈支持的现代生态工业主要业态企业和具有“绿色制造技术”的企业入园，创建一些基础设施使得这些企业间可以实现废水、废热等的交换。重点加强生态产业化和产业生态化机制和模式的创新，探索出一条可复制、可推广的产业生态化和生态产业化建设路径。

## （二）推动现代生态工业战略平台共建

坚持以点带面、做靓精品原则，在成渝地区双城经济圈现有战略平台的基础上植入现代生态工业发展元素。一是以两江新区、重庆高新区和天府新区、成都高新区为支撑，推动两地国家级新区、12 个国家级高新区共同打造内陆开放门户，在生态工业招商引资等方面逐步统筹、抱团取暖，提高跨行政区域辐射范围。推动重庆两江新区、成都天府新区携手共建工业互联网一体化发展示范区，共建共用成渝优势产业整合的发展平台。二是完善两地自贸试验区在生态工业建设领域的改革探索互动性和互补性，推进两个自贸试验区协同开放、共建区域生态工业协同创新体系，协同打造世界级电子信息、装备制造产业集群和汽车及轨道交通研发生产基地，推动向高端化、绿色化方向发展。三是扩大重庆中新互联互通示范项目对成都乃至更大范围的带动辐射作用，协同推进两地综合保税（港）区在生态工业培育发展方面的整体支持。四是提高中欧班列、西部陆海新通道建设共建共享水平，加强成渝两地的相互合作利用、减少营运成本，统筹推进国际开放大通道共建共享。

**表 5-4　成渝地区双城经济圈国家级平台表**

| 类别 | 园区名称 |
|---|---|
| 2 个国家级新区 | 两江新区、天府新区 |
| 9 个保税（港）区 | 两路寸滩保税港区，西永综合保税区、江津综合保税区、涪陵综合保税区、成都国际铁路港综合保税区、泸州综合保税区和宜宾综合保税区、成都高新综合保税区、成都高新西园综合保税区 |
| 12 个国家级高新区 | 重庆高新区、璧山高新区、永川高新区、荣昌高新区、成都高新区、自贡高新区、绵阳高新区、乐山高新区、泸州高新区、内江高新区、德阳高新区、攀枝花高新区 |
| 11 个国家级经开区 | 重庆经开区、长寿经开区、万州经开区、成都经开区、遂宁经开区、宜宾临港经开区、广安经开区、绵阳经开区、广元经开区、德阳经开区、内江经开区 |

续表

| 类别 | 园区名称 |
|---|---|
| 4 个国家物流枢纽 | 重庆港口型国家物流枢纽、重庆陆港型国家物流枢纽、成都陆港型国家物流枢纽、遂宁陆港型国家物流枢纽 |
| 9 个国家级综合保税（港）区 | 两路寸滩国家级综合保税（港）区、西永国家级综合保税（港）区等 |
| 1 个中新互联互通项目 | 中新（重庆）互联互通示范项目 |

### （三）推动现代生态工业技术平台共建

近年来，随着两地科技创新步伐的加快，科创平台数量不断增多、结构不断优化、主体不断壮大，带动了一系列高端产业和战略性新兴产业的发展，但在协同创新方面还不够深入。一是探索打造两地现代生态工业协同创新体，依托重庆科学城、成都科学城、两江协同创新区、绵阳科技城、攀西科技城等现有创新性平台，争取在生态工业领域的技术和工艺创新、高端和战略性新兴产业培育、专门人才培养等方面取得一定突破。二是探索共建两地生态工业产学研联盟和技术联盟，加强与中科院、社科院等科研院所和大学机构共建产学研平台，争取长江流域生态等国家实验室落户、积极打造产业绿色发展等国家重点实验室集群，统筹两地科技专项资金，鼓励联合开展相关科研交流、科研活动，推动科研人才、科研设备、科研平台跨地域使用，提升重点领域关键技术协同供给能力。三是协同推进生态工业发展核心技术攻关和成果转化，争取在未来预计新建的国家级产业创新中心、技术创新中心等科创基地内布局有关生态工业业态发展的创新项目和关键共性技术突破。四是充分利用大数据、互联网、物联网等手段促进现代生态工业体系共建，加快建设成渝地区工业互联网一体化发展示范区，争取在建设过程中将生态工业重点发展业态更多纳入“成渝地区工业互联网产业资源池”，提高网域层面的供需对接，探索加强“飞地”科创基地建设。

### （四）共建现代生态工业改革创新平台

推动共建现代生态工业发展的改革创新平台，坚持以改革创新促突破、求发展。一是探索经济区与行政区适度分离改革。持续深化财税政策、产业政策等重点领域的探索，进一步打破行政区域限制，进一步实现资金、人才、科技等要素自由流动，积极探索经济区和行政区适度分离的生态工业建设试点。二是以创新手段驱动生态工业业态创新。抢抓国家数字经济创新发展试验区、国家新一代人工智能创新发展实验区等机遇，充分利用现代科技和数据手段，提档升级汽摩、装备制造等传统优势产业、大幅减少产业耗能尤其是高耗能产业耗能、着力减少产业产出污染，提高传统优势产业的绿色化、低碳化水平，同时大力培育低碳、绿色、低耗的战略性新兴工业和发展新动能，尤其注重生态产业化过程的进一步转化。三是借助国家绿色发展基金重点投向长江经济带的国家政策部署，积极包装一批现代生态工业发展项目，争取进入国家绿色发展基金盘子。同时，充分借助各类产业投资基金引导作用和充分发挥政府性资金的示范引导作用，带动更多社会资本投向现代生态工业投资领域，激活“源头活水”。四是探索发行全国通用的两地生态工业发展领域“创新券”“优惠券”等，统一两地财税等支持政策，形成协同创新、协同招商格局。五是强化企业技术创新主体地位，协同深化市场导向科技体制机制改革，加快发展技术市场，加快建设长江上游科技创新中心，鼓励应用新技术、新装备、新工艺、新材料。同时，完善创投体系，重点发展政府产业引导基金、风投基金、天使基金、种子基金等创投体系，引导企业立足产业发展的规律性和阶段性，改变传统的产业发展战略和思路，改变和完善生产管理方式，提高对研发的投入和创新的重视，不断培养龙头骨干企业成为新技术和新产品领域的有力竞争者。六是以重大项目或工程为依托，建立产学研用长效合作机制，促进一批先进技术的推广应用。

### （五）共建生态工业新型基础设施平台

基础设施是地区经济和社会发展的关键资源，是形成产业集聚的重要条件。生态工业对基础设施的要求更高，推动区域生态工业转型升级、集聚发展，最首要的任务就是改善基础设施，为产业集聚创新良好的运营环境。成渝地区双城经济圈现代基础设施网络建设，要以提升内联外通水平为导向，强化门户枢纽功能，同步推进传统基础设施提档升级和新型基础设施加快完善，构建互联互通、管理协同、安全高效的基础设施网络。传统基础设施提升以交通网络为重点，共同打造西部最具竞争优势的国际航空枢纽，共同建设双城圈轨道交通、市域（郊）铁路网，形成中心城市与周边城市 1 小时通勤圈，加快推进内联外畅公路体系和长江上游透支枢纽建设。新型基础设施以新一代信息技术为支撑，加快建设物联网、区块链、工业互联网、卫星互联网等，为生态工业科技赋能，其中要尤其注意生态环境新型基础设施的建设（以下简称生态新基建，即主要是新时代下、适应于生态文明建设的，以社会—经济—环境复合生态系统的生态系统服务能力维持与提升为目标，并以“数字化、智能化、生态化、绿色化”为发展导向的新型生态基础设施建设①），建现代生态工业体系，尤其是在促进传统制造向新兴“智造”、传统生产向新兴“智产”“绿产”的过程中，需要充分借助生态新基建的支撑作用。以数字类、信息类、运输类等产业业态为重点加快构建配套到位、配置高效、体系完备、供给有效的生态新基建体系，同时推动传统基础设施的绿色化、生态化改造，同时加快建设5G、工业互联网等有利于生态工业发展的新型基础设施，同时积极推动开展6G试验验证、工业互联网及车联网试点等，一体化建设一批新一代信息基础设施。

## 三、链域共建

成渝地区双城经济圈工业发展历史悠久、特色鲜明，具有完备的工业体系和制造业门类。目前，已形成电子信息、装备制造、消费品、材料、化工等制造业集群，新型显示、集成电路、物联网、新材料、新能源汽车等战略性新兴产业快速起跑，电子制造业、装备制造业、食品饮料、先进材料、能源化工等规模工业渐成气候，但产业链、供应链、创新链等尚未实现深度融合，重工业占比高，产业链低端和产业补链成群不够等短板值得关注，建议立足全域，在研究构建现代生态工业产业发展清单和优化产业布局的基础上，实施全域现代生态工业建链补链延链强链工程，着力提升现代生态工业的附加值，走出一条更高端、更绿色、更价值的生态工业发展之路。

### （一）构建现代生态工业正面负面清单

正面清单方面，建议按照国家发展改革委2021年1月修订出台的《西部地区鼓励类产业目录（2020年本）》涉及的重庆获鼓励发展的45个产业

---

① 长江上游［流域］复合生态系统管理创新团队：《创新“生态新基建”，进一步深入推进重庆在长江经济带绿色发展中发挥示范作用》，2020年4月。

条目中的33个工业产业条目，以及四川获鼓励发展的52个产业条目中的33个工业产业目录，进一步细分成渝地区双城经济圈现代生态工业发展的正面鼓励清单（见表5-5），并出台相应的鼓励类政策和税收优惠政策等。在细分正面鼓励清单的基础上，按照国家对长江经济带促进落后产能化解，制造业向智能化绿色化转型的总体要求，根据成渝两地工业发展基础和特色，联手做强两地优势生态工业集群，如高水平的汽车产业研发生产制造基地、西部大健康产业基地、世界级高端装备制造产业集群、电子信息产业集群、节能环保产业集群、新材料集群、清洁生产和清洁能源集群及一批战略性新兴产业集群等。

**表5-5 川渝正面鼓励工业清单及成渝地区双城经济圈现代生态工业建议鼓励清单**

| | 西部鼓励清单（工业类） | 建议鼓励清单 |
|---|---|---|
| 重庆 | 主要涉及汽车、笔电、摩托车、新材料、生物制药、5G、移动互联网、物联网、工业互联网、大数据、人工智能、区块链、风力和太阳能发电场、城市及农村生活污水等环境整治相关研发技术开发应用、工业企业场址污染治理等 | 高端汽车整车、专用车、摩托车与零部件制造<br>笔记本电脑和通信产品整机和关键零部件<br>化工新材料<br>风力、太阳能系列开发<br>新型节能配件<br>氧化钒清洁生产技术开发及应用<br>石墨烯和纳米碳材料等新型碳材料<br>高精密仪器、仪表开发制造<br>工业节能降耗技术开发及应用<br>城市和农村人居环境整治相关技术开发及应用<br>节能环保材料<br>智能化绿色化纺织服装加工<br>集成电路，5G、移动互联网、物联网、工业互联网、大数据、人工智能、区块链、绿色数据中心建设及运营<br>工业企业场址污染治理及修复技术研发及应用<br>高附加值生物医药<br>火力发电、水泥、钢铁等选择性催化还原法（SCR）脱硝催化剂及SCR烟气脱硝设备生产<br>页岩气开采地下水污染防治环保技术开发及应用等 |
| 四川 | 主要涉及汽车、石墨烯、工业节能降耗技术开发和应月、农村生活污水等相关研发技术开发应用、页岩气装备制造、节能环保型建筑、风力和太阳能发电场等33项工业类项目 | |

负面清单方面，在国家市场准入负面清单、国家重点生态功能区产业准入负面清单、四川省产业准入负面清单、四川省国家重点生态功能区产业准入负面清单、重庆市市场准入负面清单、重庆市国家重点生态功能区产业准入负面清单的基础上，借鉴海南省制定产业准入禁止限制目录的做法，可进一步细化明确建立成渝地区双城经济圈产业（工业）准入禁止限制目录，按照《国民经济行业分类》分为禁止类和限制类两类，全面禁止高能耗、高污染、高排放产业和低端制造业发展，有力限制超出区域生态环境承载的相关行业门类。

## （二）研究现代生态工业统一发展标准

在国家工业节能与绿色发展实时标准的基础上，充分借助第三方机构力量，形成“政府—产业部门—研究机构”相结合的多维度生态工业研究体系，推动成渝地区双城经济圈现代生态工业发展标准研究，探索制定一批现代生态工业发展体系和标准以及与之相配套的生态供应链、生态工业产品、生态工业流程等子标准，通过试点逐步统一指导两地现代生态工业体系建设，争取纳入经信部每年度工业节能与绿色标准研究项目、纳入国家工业节能与绿色标准化行动计划、工业绿色发展规划等。

## （三）推动区间生态工业横向协同发展

探索建立协同发展的全域生态工业体系布局，立足九大毗邻区域功能平台基础和特点、立足非毗邻地区探索共建“飞地园区”等趋势和特点、立足各市（区）县基础和特点，系统考量区位、生态、工业发展基础等，从整体上逐步明晰各地区的主导工业发展方向，对成渝地区双城经济圈实行工业功能分区，打造区域优势互补、特色突出、区间协同的成渝地区双城经济圈工业群。以“两化”为导向进一步建立分支产业链布局，工业生态化链条布局方面，重点以重庆都市圈尤其是工业化城镇化主战场的渝西地区、成都都市圈尤其是环成都都市圈的绵阳、德阳、眉山、遂宁、资阳、雅安等城市为主，建立成渝发展主轴工业生态化分支产业链。生态工业化链条布局方面，重点以重庆渝东北三峡库区城镇群的万州、开州、云阳、忠县等城市和四川两翼的宜宾、泸州、巴中等城市为主，重点建立生态工业化分支产业链，如渝东北三峡库区城镇群可依托生态资源优势，按照生态工业化的路径，做大做强“三峡制造”绿色工业体系，加快发展生态加工、节能环保、清洁能源、绿色建材、健康食品、特色绿色轻工等生态工业。

**（四）促进上中下游生态工业链条协同**

推动上中下游产业链条协同发展，按照优化成渝地区双城经济圈重大生产力布局，推动制造业高质量发展的总体导向，围绕关联性强、契合度高的汽车摩托车、电子信息、装备制造、特色资源加工、新材料、新能源、食品饮料、生物医药、天然气（页岩气）、食品医疗、节能环保等工业产业项目开展产业链深度协同合作，促进产业链上下游企业协作配套，形成逐步完备的区域产业链、供应链体系。深化两江新区、天府新区、重庆高新区、成都高新区等国家级发展平台和园区之间的产业链协同联动，积极探索总部、研发、终端产品在成都和重庆的都市区，生产、转化、配套在毗邻地区的协同发展模式，促进各级开发区和产业集聚区政策叠加和共享、体制机制共用、服务体系共建等，推动平台区域承接东部地区和境外产业链整体转移、关联产业协同转移，集中力量培育壮大主导产业。加强调研、研究梳理成渝地区双城经济圈未来重点发展的产业链，研究分析需要补弱、补强的产业链、供应链关键和重要技术需求清单，加快推动生态工业技术领域补齐“短板”、锻造“长板”，助力建设具有国际竞争力的先进制造业集群和助力打造国家绿色产业示范基地。签订两地重大生态工业协同发展协议，筛选出重点打造的优势产业门类，着力构建错位发展、特色明显、相互配套的产业发展格局，促进生态工业差异化发展、优势互补。完善工业园区发展链条，基于资源集约利用、生态共建保护、污染联防联控等现实需要和可能性，进一步推动不同园区的同类产业企业合作，通过“回收—再利用—设计—生产”主要循环发展模式，补链延链完善配套，推动基础设施和资源要素共享共建，建立完整的生态工业园区产业链，达到资源的最优配置。

**（五）提升现代生态工业的产业附加值**

在优化完善产业链、供应链的基础上，通过做大优势绿色工业规模和竞争力、做大优势战新工业规模和竞争力，不断创造更高性价比、更高价值的工业业态，进一步做强成渝地区双城经济圈现代生态工业的产业价值链，不断提升其产业附加值，带动现代生态工业体系的加快构建和形成。

在做优存量方面，加快传统工业向绿色工业转型升级步伐，可在基础较好、新兴工业集中度较高、循环经济和绿色工业技术较发达的开发区打造各具特色的生态工业转型升级示范区，并完善专项资金支持政策，为带动成渝地区双城经济圈内传统工业转型升级提供典型示范和模板。在做大增量方面，充分利用大数据、智能化、数字化等新型科技和技术手段，可依托高新技术开发区、特色工业园区等，选择有条件的地区和园区等大力探索新型绿色工业、战略性新兴工业等发展新路径，逐步培育具有地方特色的战新工业体系，助力加快建设国家战略性新兴产业集群发展工程。做强变量方面，注重在过程中充分依托新一代的信息基础设施如5G网络、IPv6等，新一代的数字化应用平台和手段如“数字+”工业产业运营管理平台等，进一步提档升级工业发展水平，并努力在集成电路、新型显示、智能终端等数字产业方面取得新突破。

## 四、商域共建

对标世界银行和中国营商环境评价指标体系，聚焦跨省（市）域企业设立、经营、发展全生命周期服务体系，贯彻落实《重庆市人民政府办公厅　四川省人民政府办公厅关于协同推进成渝地区双城经济圈“放管服”改革的指导意见》，着力增强标准化、国际化服务意识，推动成渝地区双城经济圈内共同打造市场化、法治化、国际化、一体化的营商环境，促进人流、物流、资金流、信息流等实现跨区域的有序自由流动，从市场和企业层面保障现代生态工业体系的有力有序构建。

### （一）提高政务和涉外服务能力和水平

优化政务服务能力和水平，两地同步推进行政审批制度改革，最大限度精简行政审批事项和环节，推行一站式审批；深化“证照分离”改革，大力推进“照后减证”；深入开展“互联网+政务服务”，推动两地各领域、各部门加快梳理政务对接流程，着力推进“跨省通办”“一件事一次办”，共同推进政务服务标准化、规范化、便利化；推动两地加快完善并联审批制、超期默认值、告知承诺制等，进一步提升投资审批服务效能。推进统一的信用体系和商事制度建设，探索两地联合授信，强化两地金融机构在项目评审评级、授信额度核定等方面的合作，推进两地市场主体公共信用联合奖惩；统一企业登记标准，实行统一身份的认证互认，推动两地市场主体数据共享。共同提高涉外服务能力和水平，两地联合升级制定外商投资全流程服务体系，建立成渝地区双城经济圈外商投资“行政服务管家”制度，大力发展涉外法律服务机构，加强两地涉外行政执法队伍和审判队伍建设，提高行政执法队伍整体素质和涉外法律服务能力。

### （二）推进要素市场统筹开放一体发展

强化要素流通领域合作，加强工商、质检、建筑市场、食品药品监管、经贸交流、科技、人才等领域的合作范围和深度；完善沟通机制，进一步统筹两地在环境保护、产业准入、投入准入等方面的差异化产业政策，特别是过度优惠的竞争性区域产业政策，尤其在企业搬迁等方面保持连续稳定的两地协同政策待遇；借鉴长株潭城市群建设经验，鼓励企业“多点执业”“分散执业”，比如基础研究在一地、生产基地在一地、技术合作“多点开花”等。推进要素市场一体化建设，坚持“一盘棋”思想，做到统一谋划、一体部署、相互协作、共同实施，共同打造两地统一开放的人力资源、资本、技术、土地、产权交易等各类要素市场，实现生产要素跨行政区域合理流动和优化配置，支持两地企业建设专业化的垂直行业或区域平台发展生态工业新模式新业态。实行统一的市场准入制度，建立两地统一的生态工业领域市场主体准入条件、标准、程序和体系，统一环保准入负面清单政策，共同推动两地生态工业产品及服务相互纳入政府采购目录和区域内重点项目优先采购。

### （三）完善生态工业发展的市场化服务

建设跨省际协同的高标准市场体系，共建统一市场规则和互联互通市场基础设施，清理废除妨碍统一市场和公平竞争的各种规定和做法，落实外商投资准入前国民待遇加负面清单管理制度，大力引进一批较为成熟的生态工业产业。强化两地生态工业发展市场协调机制，探索成立成渝地区双城经济圈生态工业研究中心，共同争取国家生态工业重大项目及资源布局向成渝地区双城经济圈倾斜，争取将相关优势工业重大项目建设纳入国家重大项目库，对两地优势生态工业整合和协同发展等重大问题开展深入研究，切实加强两地生态工业优势互补、差异互补。降低生态工业制度交易成本，在成渝地区实行市场准入异地同标受理，推行“渝快办”“天府通办”并推动实现“川渝一网通办”，在生态工业投资、注册、许可中不断创新并联审批模式，对标世界银行中国营商环境评价指标体系，协同开展成渝地区优化营商环境立法。共同争取有利于两地生态工业发展的政策支持，积极探索研究有利于两地生态工业发展的优惠性政策，如积极争取增加川渝天然气供应指标量、新增天然气产量切块留地方自主支配、降低生态工业用地用电用气用水价格、增加生态工业研发加计扣除奖励、探索生态工业企业社保优惠机制、探索生态工业企业人才引进优惠政策、探索企业迁移和内部产业转移项目输出地和承接地的 GDP 分计和税收分成机制、探索产业合作项目新增增值税和所得税等合作城市分成共享机制、探索飞地经济、飞地园区共建等方面的共建共享机制等。

### （四）推动现代生态工业宣传平台共建

坚持习近平生态文明思想，以“两山论”“两化路”为导向，推动两地宣传工作同频共振，加强舆论引导，积极宣传生态工业在推进成渝地区双城经济圈高质量发展中的重大作用和积极成效，进一步增强贯彻落实“两山论”“两化路”理论和重要指示的力度。两省市、相关市（区）、县共同可探索举办成渝地区双城经济圈生态工业高质量发展论坛、生态工业与长江上游生态屏障建设论坛等高峰论坛，扩大国内国际影响力，形成全社会关心、支持和主动参与的良好氛围。完善企业和社会层面的参与机制，探索建立支持行业组织、商会、产学研联盟等开展多领域跨区域合作的协作机制，最大范围凝聚成渝地区双城经济圈共建合力，吸引市场资本参与生态工业建设发展。增强民众对生态工业发展的理念认知，倡导全民梳理绿色生态理念，善于利用企业、校园、工业园区等载体加强宣传推广力度。

## 五、流域共建

成渝地区双城经济圈肩负重大“上游责任”，现代生态工业发展的水平一定程度上体现长江经济带绿色发展的成效。目前，两地流域面积50平方千米以上的跨界河流多达 52 条（由川入渝的 30 条、由渝入川的 22 条），传统工业园区大多沿江沿河布局，同时域内私挖乱采河砂资源、部分河流水电开发过于密集、乱占岸线或低效利用等问题仍然比较突出，三峡库区水土保持的综合功能和效益未能高水平实现，少数跨界河流治污不到位等问题仍然存在，推动生态工业的流域共建具有现实和发展意义。

### （一）统一流域生态环境保护规则标准

加强两地部门之间、流域上下游之间、相邻流域之间的协同联动，坚持“同一清单”“同一标准”加强流域空间管控，推进生态共建环境共保。在生态环境标准方面，可探索制定成渝地区生态环境地方标准编制技术规范，编制成渝地区生态环境标准一体化中长期发展规划，形成统一标准的目录清单等，同时联合开展两地现行标准差异化评估分析，并对部分标准进行修订试点，逐项实现两地在标准管控的行业类别、污染物种类、排放限值等方面的统筹统一。在管控对象的界定标准方面，严格执行国家制定的长江经济带发展负面清单，并坚持“一张负面清单管两地”，统一“长江支流”“沿江 1 千米”等管控对象的界定标准，统一管控尺度和管控细则，探索建立统一的生态环境保护制度规则，坚决淘汰落后产能。

### （二）推动流域沿线的工业一体化升级

加强流域重点工业发展布局研究，统筹协调实施“三线一单”，结合现代生态工业的正面负面清单，对两地现行的工业项目环境准入规定等准入政策进行清理评估，对可能造成跨流域环境影响的工业园区、流域综合开发等规划及石化、化工、水库等重大项目着力加强两地环境影响评价会商，完善两地环境影响评价会商机制，打破行政区划限制共同打造一批循环经济和绿色工业示范流域。推进沿江经济带逐渐由生产型向研发型过渡，流域沿线企业可借助交通优势、水域优势，协同发展物流经济、通道经济、港口经济等，并带动沿线工业由制造型向“智造”型跨越，由生产型向“研发”型跨越，进一步提档升级沿江工业形态。进一步摸清沿江企业尤其是化工、造纸、医药等企业底数并建立实时台账，及时纳入监管清单并进行跟踪监测。大力发展静脉产业，加快补齐汽车装配、笔电制造、医药化工、页岩气开采等重点行业危险废物集中处置能力缺口。

### （三）完善流域生态环境联防联控机制

坚决扛起上游责任担当，建立完善和深化落实两地及市（区）县联动机制，实现跨境河湖联防联治全覆盖。以全面推行河长制工作为抓手，探索建立跨域的流域河长制、林长制办公室，探索建立“联合河长制”“联合林长制”等，加强上下游、左右岸、干支流协同联治，开展跨流域生态环境保护联合执法，建立各级河长、林长等联席会议制度、信息共享制度、工作督察制度、问责与激励等相关制度。健全合作机制，继续深入落实《深化川渝合作深入推动长江经济带发展行动计划（2018—2022年）》，具体细化相应的生态共建环境共保合作细则，打破各自为政的环保治理尤其是治水困局，推动上下游、左右岸污染联防联治、基础设施共建共享，逐步形成长期性、稳定性、持续性的制度性安排，解决监管机制碎片化难题。深化主要污染物联防联治，建设长江上游流域污染治理合作试点，共同争取将成渝地区纳入国家大气污染防治重点区域，强化城市群大气污染联防联控，实施多污染物协同减排，加强危险废物区域协同处理处置能力，促进资源配置和产业布局优化，共同完善跨界不达标河流污染整治措施，同步补齐工业污染防治短板。探索构建以长江上游流域为核心，覆盖两地的生态空间智能监控系统、环境质量监控大数据平台等。

### （四）推动跨流（区）域生态保护补偿

加快建立流域横向生态补偿机制，争取建立长江全流域横向生态补偿机制，推动长江中下游受益地区对上游地区特别是三峡库区的转移支付，推动川渝两地签订跨界河流生态补偿协议，解决上游污染、下游治理的问题。系统梳理川渝跨界各流域基本情况，科学论证生态补偿双方权益义务，综合考虑财政可承受能力、资金来源、实施方式等问题，推动川渝两地流域横向生态补偿试点落地，联合开展生态综合补偿试点研究，探索市场化、多元化生态补偿方式。

### （五）携手推进流域生态廊道共建共维

尽快出台“六江”生态廊道建设规划，携手建设长江、嘉陵江、乌江、岷江、涪江、沱江等生态廊道，以大江大河干流支流为主线，系统推进岸线生态修复和重建。统一编制长江、嘉陵江、渠江、涪江、琼江等跨界流域规划，统一防治措施，共同谋划一批流域水污染防治项目，联合争取国家支持。打破行政区划统筹考虑上下游经济社会发展、污染排放、环境基础设施建设等情况，搭建两地水环境综合治理信息共享平台，在长江、嘉陵江、涪江及其支流等开展示范河湖、幸福河湖建设。

# 第六章　探索二：三峡库区（流域）现代生态农业体系构建

产业振兴作为乡村振兴战略之首，是乡村振兴的根本动力，绿色发展作为中国特色社会主义乡村振兴道路的七根支柱之一，是乡村振兴的基础支撑，二者相互支撑、互为统一。构建符合新时代特征和绿色发展要求的现代生态农业经济体系，通过转方式、优结构、转动力，实现更高效益的农业经济发展水平、更高质量的农业经济增长方式，是加快推进农业农村现代化、大力实施乡村振兴战略、实现生态美和百姓富的有机统一和必然要求。三峡库区地跨湖北省西部和重庆市中东部，是长江流域重要的生态屏障区、中国最大的淡水资源库和全国重要的生态功能区，是推进长江经济带“共抓大保护、不搞大开发”的重要区域，是在推进长江经济带绿色发展中发挥示范作用的重要区域，是巩固脱贫攻坚成果同乡村振兴有效衔接的重要区域（域内 8 个区县集中分布在原秦巴山连片贫困地区和原来武陵山连片贫困地区范围内），在生态地位、地理区位、乡村振兴等方面具有典型的区域研究价值和参考价值，在其范围内探索现代生态农业发展的经验将具有典型的可复制和可推广意义。

## 第一节　重要意义

### 一、事关后三峡库区时代高质量发展

三峡库区是支撑长江经济带绿色健康发展的关键区域，随着后三峡时代的到来和《三峡后续工作规划》的接近尾声，如何推动三峡库区后扶建设，推动库区绿色发展和高质量发展，正成为库区的重要节点任务。当

前，三峡库区正从安稳移民阶段转向共同致富阶段、转向高质量发展阶段，狭隘的库区管理模式已无法适应库区环境保护和经济产业发展的新要求，需要从库区管理到流域治理进行战略转变，需要以全域绿色发展示范区创建作为引领，推动库区经济和产业新一轮高质量发展。2019 年 4 月，习近平总书记在重庆考察时强调，希望重庆努力在推进长江经济带绿色发展中发挥示范作用，为重庆贯彻落实“生态优先绿色发展”战略、学好用好“两山论”、走深走实“两化路”指明了前进方向，系统做好三峡库区（流域）现代生态农业体系的构建和完善，顺应生态优先、绿色发展战略，是后三峡时代三峡库区（流域）推动农业高质量发展的必然路径。

## 二、事关长江全域生态优先绿色发展

三峡库区（流域）地跨湖北省西部和重庆市中东部，是长江流域重要的生态屏障区、中国最大的淡水资源库和全国重要的生态功能区，是推进长江经济带“共抓大保护、不搞大开发”的重要区域，是在推进长江经济带绿色发展中发挥示范作用的重要区域，在促进长江上游流域经济发展、绿色发展乃至整个新时代西部大开发中都具有十分重要的战略地位。三峡库区（流域）生态资源丰富，种类繁多，动植物种类约达 7000 多种，其中包含大量的国家保护对象。由于库区内人类活动频繁，过度的砍伐树木和毁林开荒的行为导致库区内动植物栖息地严重碎化，生物资源急剧下降，生物多样性无法得到保证。只有三峡库区（流域）的农业生产需求和生态进一步融合发展，才能保证其库区内的自然资源不再遭受破坏。随着三峡库区进入后三峡时代，随着库区管理到流域治理的战略性转换，依托基础、立足全域、抓住重点，在三峡库区（流域）构建现代生态农业体系，不仅事关“重庆、湖北”一域的绿色发展和乡村振兴，也关乎西部地区、长江经济带乃至我国生态文明建设和乡村振兴的全域，是后三峡库区时代面临的重要发展课题。

## 三、事关巩固脱贫攻坚成果和乡村振兴

党的十九大明确提出实施乡村振兴战略和将生态文明建设提升为“千年大计”，如何在“人与自然和谐共生的现代化”战略框架下，学好用好

“两山论”、走深走实“两化路”，实现亿万农民的共同富裕之梦和生态文明提升之梦共生，是乡村振兴战略实施过程中的重要考量。产业振兴作为乡村振兴战略之首，是乡村振兴的根本动力。绿色发展作为中国特色社会主义乡村振兴道路的七根支柱之一，是乡村振兴的基础支撑，二者相互支撑、互为统一。三峡库区（流域）是全国原18个集中连片贫困地区之一，域内8个区县集中分布在原秦巴山（秦岭、大巴山的简称）连片贫困地区和原武陵山连片贫困地区范围内，受内地质地貌复杂、地势崎岖、耕地量少、交通不便、生态环境脆弱等影响，区域内农作物产量低、质量差、结构单一、竞争力弱，巩固脱贫成果的难度大、推进乡村振兴的任务重。在三峡库区（流域）构建符合新时代特征和绿色发展要求的现代生态农业产业体系，通过转方式、优结构、转动力，实现更高效益的农业经济发展水平、更高质量的农业经济增长方式，是加快推进农业农村现代化、大力实施乡村振兴战略、实现生态美和百姓富的有机统一和必然要求。

## 第二节　三峡库区（流域）农业发展现状

三峡库区作为一个特定的区域概念，位于长江上游下段，是指三峡大坝蓄水水位达到175米时，受回水影响的水库淹没区和移民安置涉及的有关行政区域，西起重庆市江津区白沙镇，东至三峡大坝及宜昌市三斗坪的江段及周边地区。[①] 三峡库区（流域）共计包括26个县、市、区，即湖北省宜昌市所属的宜昌县（现夷陵区）、秭归县、兴山县、巴东县；重庆市的渝中区、大渡口区、江北区、沙坪坝区、九龙坡区、南岸区、北碚区、渝北区、巴南区（以上为重庆主城九区），以及江津区、长寿区、涪陵区、万州区、丰都县、武隆县、忠县、云阳县、开州区、奉节县、巫山县、巫溪县、石柱县。

### 一、产业结构变化

自三峡工程开工至2019年的25年间，随着全国、重庆、湖北产业政

---

① 陈海燕、文传浩、吴华安等：《三峡库区发展概论》，《科学出版社》2016年，第1页。

策的不断调整，三峡库区（流域）产业结构同全国、重庆、湖北产业结构演变趋势基本一致，即第一产业比重逐步下降、第二产业比重先上升后下降并趋稳，第三产业比重总体平稳上升特征，三次产业结构不断优化升级。如从三峡库区（流域）重庆段来看：第一产业从 1994 年的 22.64% 下降到 2019 年的 4.97%，之后每一年都呈下降趋势；第二产业比重浮动变化，从 1994 年到 2011 年，第二产业比重呈现上升趋势，从 2011 年到 2019 年，第二产业整体呈现下降趋势；第三产业比重不断上升，从 1994 年的 29.76% 上升到 2019 年的 58.55%。整体来看，三峡库区（流域）重庆段产业结构呈现第一产业占比少、第二、第三产业占比多、且第三产业增速不断增加的特征，三次产业结构不断优化升级。

**表 6－1　1994、2009—2019 年三峡库区（流域）重庆段产业构成**

| 年份＼产值百分比 | 第一产业（%） | 第二产业（%） | 第三产业（%） |
|---|---|---|---|
| 1994 | 22.64% | 47.6% | 29.76% |
| 2009 | 12.84% | 54.05% | 33.11% |
| 2010 | 10.74% | 58.10% | 31.16% |
| 2011 | 10.28% | 59.56% | 30.16% |
| 2012 | 10.10% | 56.14% | 33.76% |
| 2013 | 9.69% | 49.65% | 40.65% |
| 2014 | 9.24% | 50.08% | 40.68% |
| 2015 | 9.05% | 49.23% | 41.72% |
| 2016 | 9.20% | 48.49% | 42.32% |
| 2018 | 5.00% | 38.62% | 56.38% |
| 2019 | 4.97% | 36.48% | 58.55% |

资料来源：重庆历年统计年鉴。

## 二、农业体量、结构及分布

### （一）农业体量

三峡库区（流域）幅员面积 5.8 万平方千米。据《重庆统计年鉴》

《恩施州统计年鉴》《宜昌市统计年鉴》统计显示，三峡库区（流域）农林牧渔业总产值从2010年的586.72亿元增长到2019年的1254亿元，其中农业总产值从2010年的318.52亿元增长到2019年的834.38亿元，牧业总产值从2010年的221.53亿元增长到2019年的367.74亿元，整体呈现上涨态势。图6－1是三峡库区（流域）重庆段近十年来的农林牧渔业产值变动趋势图。

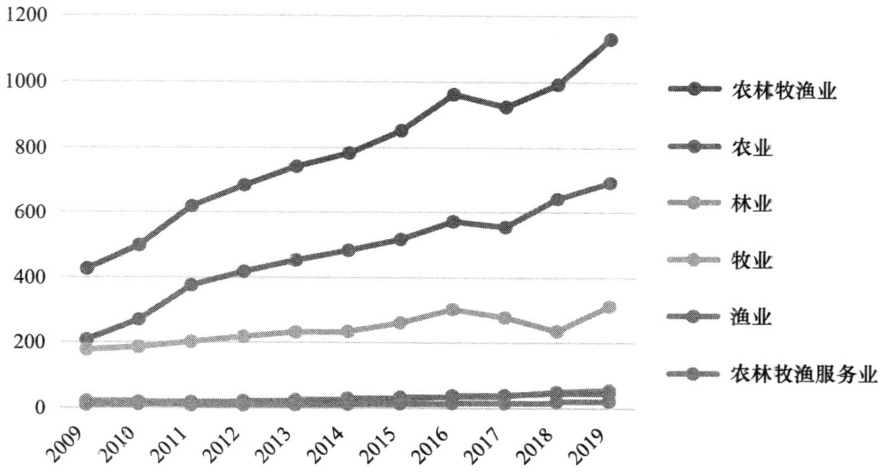


**图6－1　2009—2019年三峡库区（流域）重庆段农林牧渔业产值变化趋势图**

资料来源：重庆统计年鉴。

## （二）产业结构

总体看，农业和牧业是三峡库区（流域）的主要农业形态，二者产值占三峡库区（流域）农林牧渔业总产值的80%以上，其中农业又占60%以上。其中，三峡库区（流域）重庆段的农林牧渔业总产值占全市的50%左右，且农业、林业、牧业、渔业和农林牧渔服务业均达到重庆市相应产值的1/2，说明三峡库区（流域）重庆段是重庆市第一产业的重点区域，是重要的农业生产地区。

表6-2 2019年三峡库区（流域）重庆段第一产业产业结构分布

| 指标＼产业 | 农林牧渔业总产值 | 农业 | 林业 | 牧业 | 渔业 | 农林牧渔服务业 |
|---|---|---|---|---|---|---|
| 总产值（万元） | 11752925 | 7290017 | 571164 | 3140752 | 503762 | 247230 |
| 占库区农林牧渔业比重 | 100% | 62.03% | 4.86% | 26.72% | 4.29% | 2.10% |
| 占重庆市比重 | 50.27% | 52.17% | 50.49% | 46.22% | 47.84% | 58.32% |

资料来源：重庆统计年鉴。

## （三）地域分布

从三峡库区（流域）重庆段22个区县看，除渝中区没有没有农林牧渔业以外，其他区县均有农林牧渔业。其中，2019年三峡库区重庆段农林牧渔业产值最高的区县为江津区，具体达到145.43亿元，万州区、开州区、涪陵区分别以122.09亿元、111.42亿元和107.87亿元位列第二、三、四名，同时9个主城区的农林牧渔业总产值基本低于其他区县的总产值，且农林牧渔业总产值中，农业所占比例最大。从湖北省四个县来看，宜昌县（现夷陵区）农林牧渔服务业总产值最高，从全域来看仅次于江津和万州，四县仍以农业、牧业为主。

从业态来看，三峡库区（流域）主要以粮食、水稻等种植业为主，蔬菜、粮食在种植业中占据着绝对优势地位，油料、甘蔗、烟叶、茶叶产量相对占比较低，基本形成了以粮食、油料和肉类为主的特色农业，并由库腹地区带动整个三峡库区农业发展，同时以“粮猪型”农业经济结构为主，呈现单一、短链式的生产结构。

表6-3 2019年三峡库区（流域）农业产值地域分布

| 区县 | 农林牧渔业总产值（万元） | 农业（万元） | 林业（万元） | 牧业（万元） | 渔业（万元） | 农林牧渔服业（万元） |
|---|---|---|---|---|---|---|
| 江津区 | 1454337 | 1037183 | 37995 | 312382 | 49459 | 17317 |
| 万州区 | 1220910 | 809286 | 71698 | 267348 | 51918 | 20662 |
| 开州区 | 1114235 | 608595 | 45064 | 369263 | 70818 | 20494 |
| 涪陵区 | 1078717 | 726055 | 57666 | 225172 | 49934 | 19890 |
| 云阳县 | 891614 | 435450 | 46910 | 339622 | 27753 | 41880 |

续表

| 区县 | 农林牧渔业总产值（万元） | 农业（万元） | 林业（万元） | 牧业（万元） | 渔业（万元） | 农林牧渔服业（万元） |
|---|---|---|---|---|---|---|
| 长寿区 | 786568 | 390650 | 14273 | 290060 | 75935 | 15650 |
| 奉节县 | 780818 | 526486 | 16684 | 215585 | 8835 | 13228 |
| 忠　县 | 729641 | 417028 | 27055 | 246002 | 29113 | 10443 |
| 丰都县 | 614356 | 304946 | 57881 | 217248 | 25872 | 8408 |
| 巴南区 | 608930 | 446439 | 16373 | 89906 | 44057 | 12155 |
| 巫山县 | 456231 | 240645 | 61958 | 141789 | 3463 | 8376 |
| 武隆区 | 430728 | 262420 | 20500 | 125043 | 10016 | 12748 |
| 石柱县 | 423388 | 294165 | 17380 | 92256 | 15143 | 4444 |
| 巫溪县 | 364165 | 182457 | 42127 | 132592 | 2469 | 4520 |
| 渝北区 | 351291 | 250360 | 21943 | 50775 | 15183 | 13029 |
| 北碚区 | 212488 | 183081 | 3028 | 14345 | 6667 | 5368 |
| 九龙坡区 | 91008 | 72412 | 1597 | 5070 | 6475 | 5454 |
| 沙坪坝区 | 63446 | 41497 | 1409 | 3807 | 6507 | 10226 |
| 南岸区 | 51341 | 44283 | 1314 | 1240 | 3099 | 1404 |
| 江北区 | 14592 | 7385 | 5291 | 899 | 568 | 450 |
| 大渡口区 | 14120 | 9194 | 3019 | 347 | 477 | 1083 |
| 渝中区 | 0 | 0 | 0 | 0 | 0 | 0 |
| 秭归县 | 490356 | 320046 | 16622 | 116134 | 614 | 36940 |
| 兴山县 | 243333 | 130970 | 19080 | 76274 | 574 | 16435 |
| 巴东县 | 416540 | 226838 | 33254 | 127655 | 820 | 27973 |
| 宜昌县（现夷陵区） | 1138521 | 755880 | 28967 | 250727 | 17597 | 85350 |

数据来源：重庆统计年鉴、宜昌统计年鉴、恩施统计年鉴。

**表6－4　2019年三峡库区（流域）重庆段农林牧渔产品产量（吨）**

| 粮食产量 | 油料产量 | 甘蔗产量 | 烟叶产量 | 茶叶产量 | 水果产量 | 蔬菜产量 | 猪肉产量 |
|---|---|---|---|---|---|---|---|
| 3881207 | 247912 | 26660 | 21595 | 6425 | 2681116 | 5411754 | 458028 |

资料来源：重庆统计年鉴。

## 三、农业发展短板

一是农业生产方式相对落后。三峡库区（流域）农业生产方式仍主要以传统的农业生产方式为主，一方面传统不合理耕作导致库区的土层变薄、肥力贫乏，另一方面在坡耕地上的不合理农作、放牧等生产活动进一步加剧了水土流失，导致生态系统更加脆弱。二是人地矛盾比较突出。特殊的自然地理环境导致了耕地的碎片化分布，形成了一家一户的传统小农经济格局，如三峡库区（流域）重庆段目前人均占有耕地仅733平方米，部分地区如重庆万州等地人均耕地不足333平方米、巫溪大于25度的坡耕地超过50%等。三是农业品牌效应差。由于三峡库区（流域）尤其是库腹地区农业商品化程度不高、受制于传统农业生产模式、机械化低、成规模化经营水平低等因素影响，三峡库区重庆段农业发展整体呈现品质品牌整体较低、农业经营比较分散、农业产业链条较短、农业产业附加值低下等问题，为了更加详细地说明三峡库区重庆段的农业品牌品质和链条发展短板，选取重庆市几个区县的产业情况进行印证，如表6－5所示。四是农业与生态环境矛盾显现。受传统农业耕作模式、人地矛盾、农业面源污染等影响，三峡库区（流域）的生态环境脆弱性有所加重。从传统农业模式来看，库区土地多被复垦现象突出，包括陡坡地，坡耕地会造成土壤肥力衰减，不仅制约农作物的增长、从一定程度上也加快了水土流失、土地资源利用效能降低等环境负面效应。同时，库区农村能源仍主要依靠薪柴和秸秆的直接燃烧为主，使得库区空气环境遭到一定程度污染、生态环境基底呈脆弱化倾向。再次，过度依赖农药、化肥的传统农业生产方式也使得库区水质、土质污染程度加重。

**表6－5　重庆三峡库区部分区县农业发展情况**

| 区县 | 农业发展基本情况 |
|---|---|
| 巫溪 | 土地集约化程度不高、经营分散、不成规模，农副产品低端粗放，深加工精包装程度不够，产业链尚未形成，品牌打造力度较弱，资金和项目扶持不精准，没有充分调动村积极性 |

续表

| 区县 | 农业发展基本情况 |
|---|---|
| 石柱 | 新型经营主体数量少、规模小，农业生产基地基础设施不配套，旱不能浇、涝不能排，自然气候对种植业影响较大，田间耕作道路不配套，产业便道处于三无管状态，影响机械化耕作和农产品运输 |
| 武隆 | 农产品品种繁多但尚未形成“支柱”产业、优势产业，农产品品牌知名度不高，农产品精深加工薄弱，农业与二三产业融合发展不够，农业产业链条延伸不够，农业产业化龙头企业发展规模小、实力偏弱，龙头企业、专业合作社或能人大户与农民利益联结不够紧密 |
| 云阳 | 农业产业链条短，优势产业不突出，各类农产品知名度不高，市场占有率低，整体竞争力不强，组织化程度低，与农民利益连接不紧密 |
| 奉节 | 产业发展基础不够牢固、产业转型升级难、产品品牌仍待提升 |
| 巫山 | 农村基础设施落后，产业路、生产用水等基础设施还不能全时间、全空间满足农民群众生产生活需要，农业组织化程度不高，抗风险能力弱 |
| 万州 | 产业基础不牢固，标准产业园规模不大、品牌不响，链条短、功能弱，比较效益低，还不足以支撑农民持续增收，尚无农业支柱产业，未能形成具有鲜明地区特色的农产品区域布局结构，产品与周边区县农业产品同质化严重 |
| 开州 | 工商资本、社会资本投资乡村产业发展的积极性不高，产业发展粗放，品牌不响，品种、品质、品牌整合不够，大众产品多，中高端产品少，一二三产业融合不够，增产难增收 |
| 丰都 | 支持农业产业发展的水利、产业道路等基础设施待进一步完善、产业带动力和三产融合待进一步增强等 |

## 第三节　三峡库区（流域）现代生态农业体系构建设想

本书立足三峡库区（流域）的总体发展基础、发展现状和发展定位，结合其农业发展基础尤其是发展短板，借鉴国内外相关地区典型经验，不同于成渝地区双城经济圈从全域入手的角度，此章探究从内部、中间、外部、全域四个层面系统提出三峡库区（流域）现代生态农业体系的构建设想。

## 一、内部层：生产流程的角度

农业生产环节具有差异性，不同生产环节的“生态化”侧重不同，亦须分类施策、一环一策。

1. 农业资源开采环节（产前）。主要目标是提高三峡库区（流域）农业综合生产能力和绿色生产能力。一是结合三峡库区（流域）农业资源开采现状和特点，尤其要结合水土流失等生态脆弱性特点，坚持总量限定、动态调整、合理开采、布局合理的原则，在综合开采中兼顾经济效益、社会效益和生态效益的和谐统一。二是结合库首、库腹、库尾的农业资源和生态环境不同特点，开发培育不同地域特点的农业特色主导产业，如库首和库腹地区以高山现代山地特色高效农业为主，库尾以都市和近郊农业开发为主。三是要尤其重视临江一定范围区域内的农业资源开采和后续运维，全面减少农业面源等污染带来的生态环境问题，形成分地域、分时段的农业资源开采负面清单。四是注重保持土壤肥力，可借鉴瑞典 4 年轮作的种植方法，分年度轮种不同种类的农作物等。

2. 农业资源投入环节（产中）。主要目标是结合三峡库区（流域）耕地面积少、生态环境脆弱等现状，进一步保障绿色农资供应，多使用生物肥料饲料等从源头保障绿色原材料供应，走出一条高效利用、生态利用的绿色资源投入新路。一是进一步强化农业资源投入环节的现代科技手段支撑，依据生态学原理和循环经济原理，进一步运用现代农技和循环经济手段开展生态栽培、生态种养殖、生态土壤治理等。二是注意开发不同类别的农业生态化运营的主体，充分立足三峡库区（流域）农业发展的规模化、集群化发展方向，进一步借助产业化龙头企业、农民专业合作社、新型家庭农场、农业社会化服务组织等的主体力量，带动区域农户按照生态农业的方式进行资源投入和生产，加强生态绿色农业资源的投入管理等。三是在资源投入的环节中，尤其要注重绿色农业生产资料（包括如生物农药、微生物肥料、可降解农膜等）的投入，为生态农业产业体系的构建创建保障性前提。四是注重解决农业科技进步中的关键和薄弱环节，重点推广优良品种以及与优良品种相配套的种养技术特别是节水灌溉技术，实施化学投入品控制。五是可借鉴瑞典等国做法，积极探索国内一定比例耕地转为生态农业种植并健全相应的保障体系，通过价格保护和农民合理收入保障等手段促进生态农业的发展。

3. 农业加工制造环节（产中）。主要目标是在生态农产品的加工环节杜绝有害、有毒物质，确保在农产品加工过程中无污染和少污染，其加工过程、材料对环境不造成伤害，生产出来的农产品具有绿色、有机、健康等特性。一是充分立足三峡库区（流域）拥有的多种优质的农业资源，进一步加强特色优质绿色农产品的研发、开发、生产和加工以及环保技术攻关。二是立足生态农产品加工制造的需要，进一步做大生态农产品初加工规模，并在初加工的基础上加快“多点开花”式精深加工步伐，做大做强生态农产品加工业。三是结合生态农产品加工的短板和弱项，进一步完善农产品仓储保鲜和冷链物流体系，加快完善田间地头小型农产品生产加工场地和构建骨干物流节点，为生态农产品品质的保鲜、保质保驾护航。四是促进农产品加工业高质量发展，加强生态农产品的标准体系探索和方向引领，推进农产品多元化开发、多层次利用、多环节增值，实现减损增供、减损增收、减损增效，促进整个生态农产品加工业优化升级。五是提高农业绿色加工技术装备水平，加强精深加工技术装备和绿色环保设备开发和利用，同时完善相应的农产品加工政策、产业布局和行业规划，同时注重整合农产品加工资源，鼓励农产品行业内部兼并、收购和重组，加快培育成规模的生态农产品加工企业，提高产业集聚度。

4. 农业终端消费环节（产后）。主要目标是补足供应端农民无议价能力、农产品单一、营销管理人员不专业、供应物流基础设施等短板，进一步扩大生态农产品消费规模、渠道等，着力提高农民收入。一是创新探索现代生态农业管理运营模式，可借鉴瑞典高效生态农业的做法，探索建立生态农业可持续发展机制，探索发展基于生态农业种植业的多功能增值业务以实现生态农业本身的可持续发展，多功能增值业务可以是生态农业本身业态的延伸，也可以是生态农业与其他如休闲、旅游、餐饮等产业链之间的延伸，通过多元化业态的收入实现可持续发展。二是针对生态农产品产量比普通农产品产量低的情况，通过补差价等方式进一步保护生态农产品的价格，通过补偿、补贴等手段保护生态农产品生产者收入，奖励农业农村的环境保护和安全产品生产。三是重视对农民的培育，积极推动生态农业培训计划，丰富生产者对生态农业的生产和销售知识。四是积极培育三峡库区（流域）生态农产品的区域性公共品牌，做响特色品牌影响效应，逐步做响国内外品牌效应。

## 二、中间层：产业结构的角度

经济发展不仅表现为经济总量的增长，同时伴随产业结构的深刻调整和变化，其中包含农业产业结构的调整和变化。

1. 找到符合三峡库区（流域）的现代生态农业产业结构。主要目标是通过一个渐进的长期过程，促进农业产业结构从传统粗放的状态向现代生态循环的状态演进，达到循环化、绿色化和整体生态化。一是根据三峡库区（流域）的地理区位、资源禀赋、交通状况、人力资源及经济和生态发展的要求，调整其农业产业结构的整体演进方向，生产具有三峡库区（流域）的特色化、差异性绿色农产品，培育具有区域特色的品牌生态农业产业，最终形成有竞争优势的现代生态农业体系，促进区域农业产业结构的优化。二是结合三峡库区（流域）的耕地资源、水资源等的数量和质量情况（耕地少、坡耕地多、地块细碎分散、人均耕地面积少、水土流失严重等），从更加节约土地、节约资源的角度出发，可大力发展附加值高的高山蔬菜、柑橘等水果、中药材等经济作物和生态牧业、林业等。三是结合三峡库区（流域）交通和道路等基础设施的特点和情况，综合考量农产品运销成本、缩短农产品产地和市场距离等，从生态环保的视角，注意合理调整牛奶、蔬菜等易腐易烂农畜产品和鲜活农产品结构。

2. 找到符合发展阶段的现代生态农业产业结构。主要目标是根据经济发展的阶段性特征、生态环保的阶段性需要和人们对美好生活尤其是对食物和娱乐消费的需求特征，构建符合时代特征的三峡库区（流域）现代生态农业产业结构。不同经济发展阶段人们对食物的需求具有不同特征。在农业生产率低下和人们收入水平低下的时期，人们对食物的需求主要是满足生存，主要是量的需求，对食物品质和需求结构的要求较低。随着经济的发展和人均收入水平的提高，人们对农产品的增长需求开始呈不均匀增长，人们会对更绿色健康、更具营养价值的食物产生偏好。目前，我国已进入高质量发展的新阶段，随着人均收入水平的提高，人们对美好生活的需要将更加强烈，对绿色化、高品质的农产品需求也更加强烈，要善于结合新时期人们的新消费结构和特点，完善更加符合需求的特色生态农业产业结构。

3. 推动粮食生产与多种经济作物生产以及种植业与林、牧、副、渔业生态结合发展。主要目标是在种植业产业内部结构中，注重粮食生产的基础性地位，并注意平衡粮食生产与其他经济作物生产结构和布局，达到种植业产业结构的生态平衡，同时注意种植业与林、牧、渔等其他业态的生态结合发展，达到农业体系内的结构生态平衡。主要内容：随着农业生产力的不断提高，种植业内部农产品种类日益丰富，供给能力大幅提高，但同时不同产业发展趋势的差异也日趋显著。一是在这个过程中，小麦、玉米、水稻等粮食作物播种面积总体呈下降趋势，蔬菜、水果等经济作物种植面积总体呈增长态势，尤其要注意防范明显的“离粮化”“非粮化”倾向特征，确实粮食产能总体稳定。二是从促进农民收入增加的角度出发，在保证农民种粮积极性的基础上，合理促进粮食作物和经济作物之间的协调发展，在保持结构平衡的基础上努力挖掘帮助农民增收的生态经济作物潜力。三是以深化农村改革为新动力，以绿色发展、提质增效、探索机制为方向，推进种植业、林业、畜牧业、副业，渔业的协调发展，促进农业转型升级。

## 三、外部层：产业融合的角度

三峡库区（流域）不仅拥有丰富的农业资源，也拥有“大山大水”“好山好水”的绝佳旅游资源，既要注重农业产业内部与科技等的融合，也要注重农业产业外部与旅游、文化等产业业态的融合发展。

1. 推动生态农业与科技融合发展。主要目标是在构建生态农业体系的过程中，充分利用各种新技术、新手段，充分推动生态农业的高效循环发展和可持续发展。农业技术的进步与扩散能够带来农业生产力的提升和生产要素的替代，进而促进区域农业产业结构比较优势的形成，高新农业技术是农业转型的关键。农业技术进步主要体现在品种技术、种养技术、化学技术、设施和机械技术等方面的创新与发展。可借鉴美国“高效持续农业计划（HESA）”和日本的“环境保全型”农业技术推广和研究方式，积极探索以环境保护为主攻目标、依靠科学技术进步的农业生产体系，积极鼓励探索新型生态农产品品种技术、网络化生产监测技术、无人机播种耕种、精准农业机械化、病虫害综合防治、农业污染源头治理等新型生态农业技术，并可在三峡库区（流域）相关地区推广生态农业计划试点试行。同时，注重建立一批农民技术培训基地、绿色有机食品示范基地等，支持大学和研究机构开展生态农业技术研究，尤其鼓励在农业环境治理和改善方面的技术研究，在条件成熟后可探索制定一套三峡库区（流域）区域性的生态农业技术标准，并逐步推广复制应用。

2. 促进生态农业与旅游业融合发展。主要目标是立足三峡库区（流域）资源禀赋等，积极培育三峡库区（流域）乡村生态旅游业态。乡村生态旅游主要是依托乡村的土地资源、生态资源、矿产资源等进行有机整合，主要涉及生态体验、生态教育、生态观光等多种分支业态。积极开发农业与旅游产业融合的新模式、新业态，延伸和拓展生态农业产业链条，提高生态农业的产业附加值和增值性收益。其中可结合三峡库区（流域）的环境资源条件、市场需求条件、地理区位条件、经济社会条件等，可开发诸如三峡乡村田园生态观光、乡村休闲避暑生态娱乐、三峡农耕生态体验、三峡科普教育生态研学等多种模式。

3. 促进生态农业与文化产业融合发展。三峡库区（流域）具有丰富的农业生态文化可挖掘，要注重通过发展生态文化产业，进一步保护传承传统生态农业文化遗产，积极培育三峡库区（流域）乡村生态文化产业多种业态，通过以文化人、以景化文、以史化人等多种形式，推动生态农业的形成和可持续发展。

## 四、全域层：产业开放的角度

同成渝地区双城经济圈一样，三峡库区（流域）同样是一个特殊的跨地理、跨行政的特殊地理单元。其库区（流域）范围内农业经济所蕴含的整体性和系统性特征，与行政分割所造成的行政区经济行为存在一定矛盾，因此在构建现代化生态农业体系的过程中，同样需树立全域统筹思想，突破行政界线“藩篱”，将三峡库区（流域）全域空间进行统一整体规划与协同。

1. 探索构建形成与全域绿色发展格局相契合的全域现代生态农业体系。三峡库区（流域）连接长江上中游、左右岸和干支流，是长江上游流域的重要生态屏障区，其自然资源也是相互依存的生命共同体，构建全域现代生态农业体系能够保证三峡库区（流域）乃至长江上游的生态屏障不受破坏并得到有效保护。建议结合长江流域全域绿色发展战略和导向，积极探索经济区和行政区适度分离的思路，与成渝地区双城经济圈一样，积极探索构建跨政域、跨台域、跨链域、跨商域、跨流域的全域现代生态农业体系，并建立健全不同跨域范围内的工作体系和工作重点。

2. 构建走向全国、走向全球的全域现代生态农业产业体系。充分利用全球资源与市场，积极推进三峡库区（流域）现代生态农业对外合作，形成大全域范畴的现代生态农业体系架构。在此过程中，可借助渝新欧国际铁路联运大通道、西部陆海新通道、中新互联互通示范项目、国家物流枢纽等交通和平台优势，加大生态农业在东南亚、欧洲等市场的开拓力度，加快三峡库区（流域）生态农产品生产（加工）出口示范基地建设，积极打造跨国涉农企业集团，在“一带一路”沿线国家等策划实施一批生态农业技术合作示范项目等，扩大三峡库区（流域）特色生态农业产业朋友圈，从空间上互补和互进。

# 第七章　构建现代生态产业体系的总体导向

本章主要在基础理论分析、研究进展剖析、国内外典型案例及经验借鉴的基础上，同时结合成渝地区双城经济圈、三峡库区（流域）两个典型地区在生态工业、生态农业体系方面的不同构建探索，探索性提出构建现代生态产业体系的总体思路、基本原则和体系架构设想，为构建符合新时代特征和绿色发展要求的现代生态产业体系提供建议性导向。

## 第一节　总体思路

高举中国特色社会主义伟大旗帜，深入贯彻党的十九大和十九届历次全会精神，坚持以马克思列宁主义、毛泽东思想、邓小平理论、“三个代表”重要思想、科学发展观、习近平新时代中国特色社会主义思想为指导，全面贯彻党的基本理论、基本路线、基本方略，坚持稳中求进工作总基调，完整、准确、全面贯彻新发展理念，深入贯彻习近平总书记关于生态文明、碳达峰碳中和以及实体经济发展的一系列重要论述和重要讲话精神，围绕“五位一体”总体布局和“四个全面”战略布局，坚持“共抓大保护 不搞大开发”和“生态优先 绿色发展”战略导向，坚持以供给侧结构性改革为主线，进一步准确把握新发展阶段，深入践行新发展理念，加快构建新发展格局，全面深化改革开放，切实担当新发展使命，以“谋整体、谋全域、谋全球”的宏大视野，牢固树立“一体化”理念、强化“一盘棋”思想，围绕产业生态化、生态产业化“两条主线”，明确现代生态产业发展的总体战略、打造现代生态产业的复合系统、构建现代生态产业的“四梁八柱”，促进产业体系绿色化能级、系统化水平、协同化程度、全域化力度显著提升，加快推动新时代现代产业向绿色化、低碳化、循环化、高端化、智能化转型升级，推动产业高质量发展，加快推动建成现代产业体系。

## 第二节　构建原则

坚持生态优先，绿色发展。全面贯彻习近平生态文明思想和绿色发展理念，绝不以牺牲环境为代价去换取一时的经济增长，兼顾资源节约集约利用和经济效益增长，全面推广“生态＋”产业发展模式，走出以经济发展和生态文明水平提高相辅相成、相得益彰的道路。

坚持科技引领，创新发展。把创新摆在现代生态产业发展的核心位置，充分发挥重大科技创新平台和载体的作用，强化各类创新主体作用，推动创新成果转化，重点加快节能减排技术、循环经济模式等实践应用，支撑产业生态化和生态产业化发展。

坚持开放融合，协调发展。以开放促发展，对标国际化规则和标准，加强产业内部融合和对外合作，统筹规划现代生态产业体系和布局，发展分区域优势生态产业集群，打造更高水平开放型经济。

坚持市场主导、政府引导。牢牢把握扩大内需、构建新发展格局这一战略基点，加快建设高标准市场体系，充分发挥市场在配置资源中的决定性作用，通过市场机制促进要素合理配置和自由流动。更好发挥政府作用，转变政府职能，营造优良营商环境，促进平等准入、公正监管、开放有序。

坚持统筹规划，分步推进。加强对现代生态产业的统筹规划、战略布局等顶层设计，分领域、分阶段有序推进生态产业发展。鼓励探索创新和试点先行，积极稳妥扎实推进产业生态化、生态产业化工作。

# 第三节　体系架构

## 一、理论体系架构设想

### （一）现有研究提出的理论体系架构

1. 生态工程系统

生态学研究先驱马世骏提出生态工程的概念，他认为“生态工程是应用生态系统中物种共生与物质循环再生的原理，结合系统工程的最优化方法，设计的分层多级利用物质的生产工艺系统”。① 在生态工程的进一步研究中，马世骏提出社会、经济和自然虽然都有各自的结构、功能及其发展规律，但每个系统不可能独立存在和发展，都会受其他系统结构和功能的制约，因此他认为要将其当成一个复合系统来考虑，并据此提出社会—经济—自然复合生态系统。在复合生态系统中，社会系统受到人口、政策及组织管理以及思想文化等因素的制约；经济系统中生产成本、产品供需、要素流通等也算是衡量经济系统结构的重要方面；自然系统为生产生活提供资源，但矿产等非再生资源难以永续利用，生物资源也会受到时空因素的限制。从复合生态系统的观点出发，形成社会—经济—自然复合生态系统结构示意图，如图 7－1 所示。

2. 社会、环境和经济三维复合系统

吴伟等提出了生态工业的系统观，根据经济与生态双重存在、持续发展和协调发展三种新思维的时代要求，对社会进步、经济发展、环境保护三者之间相互耦合关系进行深入思考，提出生态工业系统应是由社会、经济和环境三个子系统有机结合而成的三维复合大系统。② 具体的三维复合网络结构图如图 7－2 所示。生态工业系统的结构图体现了系统内经济、社会、环境三个子系统之间的链接关系，通过子系统中各要素的排列组合，

① 孙鸿良、齐晔：《从生态农业到生态文明建设——纪念马世骏先生诞辰 100 周年暨生态工程理念发表 36 周年》，《中国生态农业学报》2017 年第 1 期，第 8—11 页。

② 吴伟、王浣尘、陈明义：《略论生态工业系统的运行和控制》，《工业工程与管理》2002 年第 4 期，第 1—4 页。

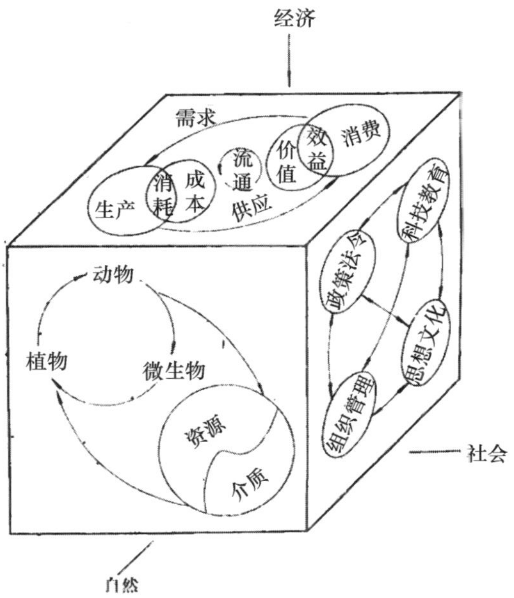


**图7－1　社会—经济—自然复合生态系统示意图**

资料来源：马世骏（1984）。

达到要素之间、要素和子系统之间、子系统之间的联结，从而形成整体有序的生态工业系统结构。其一，经济子系统形成的投入与产出链（网）、社会子系统形成积累与消费链（网）、环境子系统形成消耗与再生链（网），再由这三个子系统联结形成三维复合的生态工业系统。其二，系统内各要素间、各子系统的网络结构关系依靠科学技术的支持，科学技术水平的高地决定了系统内部联结和广度和深度。其三，系统内各要素之间、各子系统之间是一种非线性的关系，不具有加和性，它们通过物质、能量、信息、劳动力（人才）和价值的流动与转化，连接成一个生态经济的有机整体。

3. 可持续发展（SD 复合）系统理论

可持续发展是一个综合的概念，其丰富的内涵概括起来有三点：生态可持续性、经济可持续性和社会可持续性，三者相互联系、相互制约，共

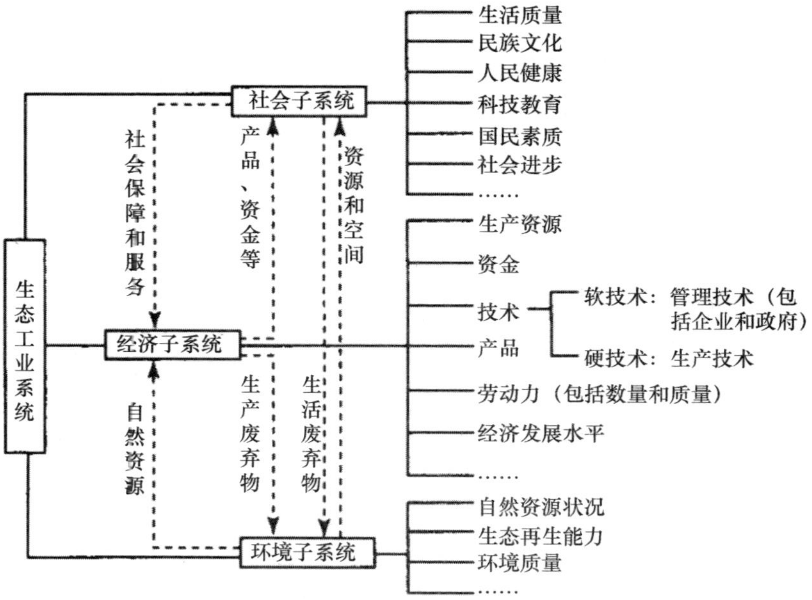


**图7－2　生态工业系统三维复合网络结构图**

资料来源：吴伟等（2002）。

同组成一个复合系统。① 在SD复合系统中，经济系统为社会提供物质产品和资金，生态系统为社会系统和经济系统提供可用的环境资源，社会系统为经济系统提供劳动力和科技，而社会系统和经济系统产出生活废弃物，在这三个系统中起主导作用的是的人的管理行为。经济系统的可持续要求在经济发展的同时要注重经济增长质量，不断地提高资源的利用率、减少废弃物的排放；生态系统的可持续要求经济发展要适应生态环境的承载能力，在能力范围内开展生产活动；社会可持续是可持续发展的最终目标，即通过经济和生态系统可持续性的实现，达到改善环境、提高生活质量、促进经济在质上的增长。要实现经济、生态、社会的可持续发展，必须节约能源的开发利用，对废弃物的排放进行有效的管理，加快推进对传统生产和消费模式的改进，最终实现在生态可持续的基础上做到经济可持续、在此基础上实现社会可持续。

① 李久生：《环境教育的理论体系与实施案例研究》，南京师范大学，2004年，第10—20页。

### （二）现代生态产业体系架构设想

在上述理论体系的基础上，以“产业生态化和生态产业化”为发展思路，立足社会、经济、环境三个系统，探索构建现代生态产业的理论三维复合系统，如图7－3所示。

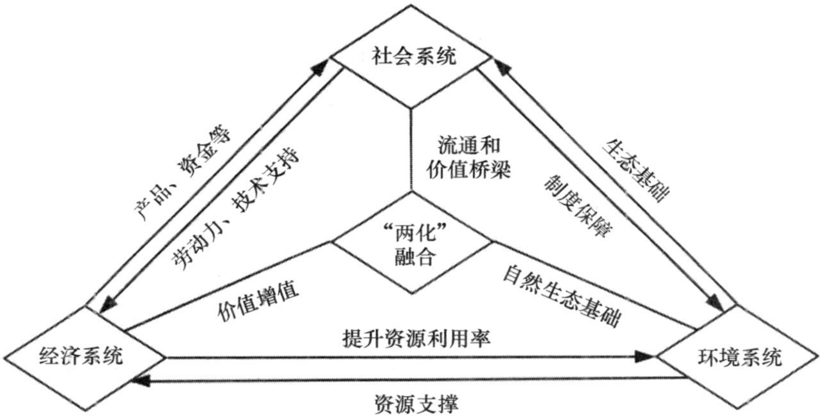


**图7－3　现代生态产业三维复合系统示意图**

在经济引领方面，生态产业的发展要求树立绿色发展理念，强调资源利用的有效性和生态化，力求经济发展与生态环境相协调，并符合社会发展的基本规律，这与产业生态化的基本内涵相一致。同时，生态产业的发展要求对传统产业进行改造升级，培育壮大新动能，使产业的生产活动将资源的消耗降低到最低，并实现生产流程内资源循环利用，做到“减量化”和“循环化”，推进产业的可持续发展。

在技术支持和制度保障方面，生态产业以“绿色化”和“生态化”为导向，生产工艺和管理方法对地区的生态优势进行转化，让生态资源具有生态资本的条件，而价值核算、产权认定以及市场交易等制度机制成为生态资源资本化的重要载体，进而实现生态资源的价值增值，即完成“生态产业化”的基本阶段。

在生态环境支撑上，生态资源本身存在一定的价值差异性，山水林田湖草等的价值转化和增值依靠自然地理环境的条件。因此，在“绿水青山”转化为“金山银山”的过程中，生态产业侧重发挥其最大资源禀赋，还能以生态优势发现并培育新的经济增长点，而产业生态化在生态环境的承受范围内最大限度内提高资源利用的有效性，促进生态产业的持续发展。

## 二、现代生态产业体系架构设想

### （一）明确现代生态产业的发展战略

借鉴浙江实施产业生态化战略、甘肃构建生态产业体系推动绿色发展战略、贵州推动大生态逐步上升为全省战略的经验，在推动现代产业体系的总体战略定位基础上，进一步分解若干分支战略，并将打造现代生态产业体系作为其中一支分支战略。从分支战略层面明确提出现代生态产业的发展战略，构建高端、绿色、集聚的现代生态产业体系，走生态友好的产业可持续发展道路，并搭建相应的生态产业发展体系，明确支撑生态产业发展的法律法规、制度、规划、技术、人才、平台等重要要素。具体可以在生态产业化、产业生态化的前提下，通过改造提升传统产业、大力培育新兴产业，积极构建中国特色的现代生态产业体系，并可按东中西部以及具体的东北地区、华北地区、西北地区、东部沿海地区、西南地区等进行

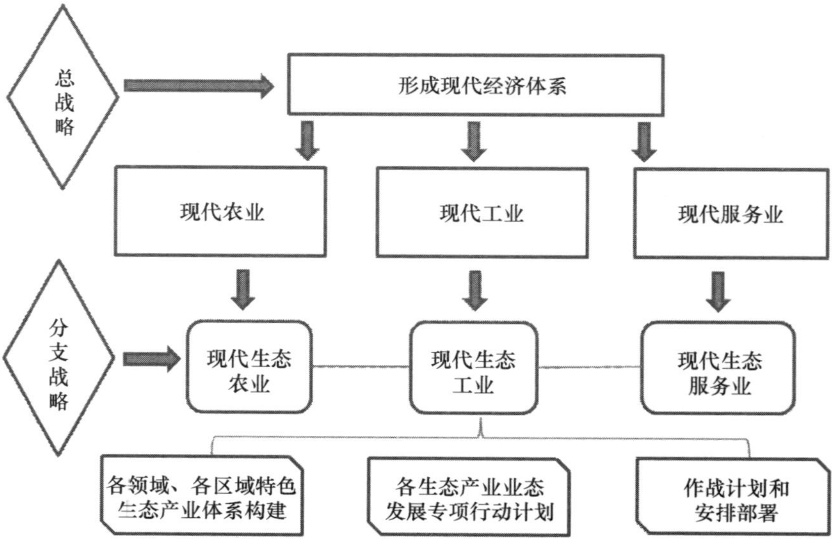


图7-4　基本系统视角的现代生态产业战略细分图

不同类别区域探索，同时研究制定现代生态产业发展的“负面清单”和“正面清单”，制定主要生态产业业态发展专项行动计划，从发展目标、重点任务、工作路径、保障措施、重大项目等方面进行详细的安排部署，明确发展方向和作战计划，基本搭建系统框架体系。

### （二）构建现代生态产业的复合系统

在理论体系探讨中，本书明确了生态产业体系是一个复合的概念，是由“社会—经济—环境”等有机结合而成的复合体系，同时还需要在“两化”融合的基础上做系统性思维支撑，充分发挥在现代生态产业发展过程中的制度保障、经济引领和生态支撑作用。在现代生态产业三维复合系统网络结构的基础上，从全域层面进一步搭建现代生态产业复合系统的网络结构图。其中，社会系统主要是提供制度性保障，主要体现在政域共建、台域共建层面。经济系统主要是提供产品和资金支持及提升资源利用率，主要体现在商域共建、链域共建。环境系统主要是提供资源支撑和生态基础，主要体现在流域共建。

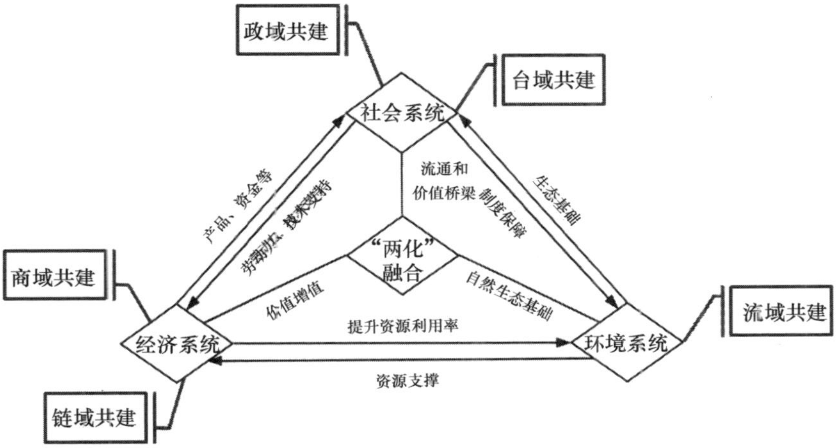


**图7－5　基于全域视角的现代生态产业三维复合系统网络结构图**

### （三）搭建现代生态产业的“四梁八柱”

借鉴生态经济学和循环经济学中的“共生”理论，在现代生态产业发展过程中，突出谋划的整体性和系统性，搭建起现代生态产业体系的“四梁八柱”。一是基于产业布局视角。对标节能减排要求，落实生态环保约束，推动合并同类项和产业链重构“双管齐下”，调整优化产业布局。突破川渝两地、不同层级行政区规划下的“边界藩篱”，立足不同区域现实发展情况和地域特色优势，进行统一的战略性规划和协同。根据连片尺度大小，分类推进企业内部小循环、园区/流域中循环、成渝两地大循环，力图形成对内闭合、对外开放的共生发展网络。促进各种连片尺度下的物质转换、能量替换、信息交换，从而实现增产增值增效。二是基于生产流程视角，不同生产环节的“生态化”要求各有侧重，亦须分类施策、一环一策。资源开采（含能源开发）环节要严格落实生态保护红线和资源利用上线，强化生态保护责任，促进可持续开发开采。原料投入环节，要彻底摒弃过去高投入、高消耗的老路，走节约集约、高效利用的新路。研发设计环节，要注重产品的可回收和无害性，加强环保技术攻关和绿色产品研发。制造加工环节，要加快“三高”工艺设备淘汰，推广节能减排的新技术新工艺，促进废弃物的循环利用和减少污染物排放。终端消费环节，要实现产品的最大化利用和回收、处理、再利用。通过流程再造，促进不同生产流程间的物质能量密切联系和传递。

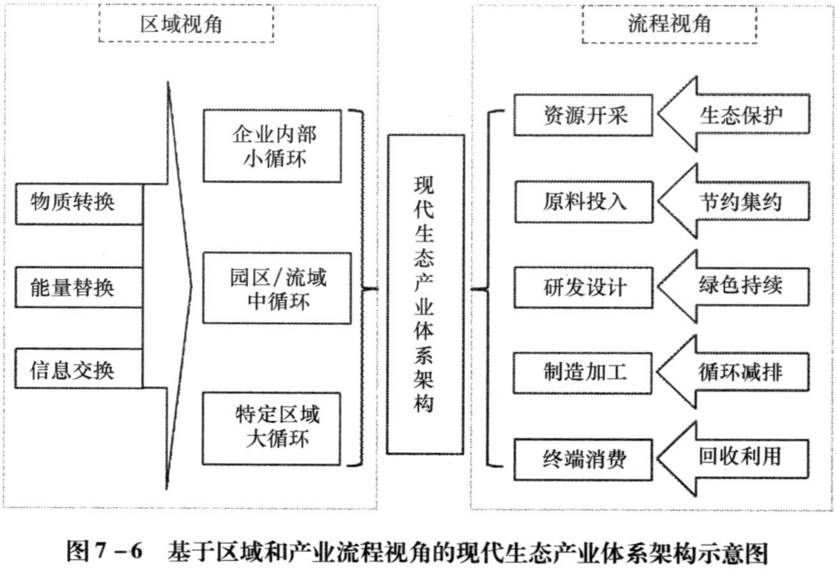


**图7-6　基于区域和产业流程视角的现代生态产业体系架构示意图**

# 第八章　保障性建议

本章主要按照党的十九大报告提出的要坚定实施可持续发展战略，建立健全绿色低碳循环发展的经济体系和建设跨越关口的现代化经济体系的总体要求，以加快建立健全以“产业生态化和生态产业化为主体的生态经济体系”为总体导向，立足新时代特征、结合产业发展基础，从规划引领、组织统筹、要素支持、考核评价等方面提出相应的保障性建议，为构建符合新时代特征和绿色发展要求的现代生态产业体系提供砥柱和支撑。

## 第一节　加强规划引领

### 一、健全体系研究

充分借助第三方研究机构的力量，形成政府—产业部门—研究机构相结合的多维度生态产业研究体系。政府是直接把握产业发展战略和方向目标的总舵手，在整个产业跟踪和研究体系中起着掌舵的重要引领作用，依靠市场和产业部门则可以实现更多资源的快速汇集，如资源共享、社会分工、技术创新、信息平台、金融投资、资源优化配置等。同时，市场掌握第一手和直观的产业发展信息及数据，对预判整个产业发展态势具有重要的地位和作用。借助科研院所等第三方研究机构的力量，进一步整合相关理论和市场数据研究，可进一步为政府提供更为科学全面的政策性建议和举措。

## 二、制定专项规划

以新一轮科技革命和产业链重塑为契机，坚持市场主导、政府引导，强化机制创新，适时制定现代生态产业发展规划。注重产业布局与空间规划协调，打造生态产业高质量发展区域性引擎，形成“研发在中心、制造在周边”“链式配套、梯度布局”的产业分工体系。主动融入国家规划和区域总规，深入推进国家战略性新兴产业集群发展工程，前瞻规划一批先导产业。更高标准推动西部产业转移接续和境外产业链整体转移、关联产业协同转移，补齐建强产业链。积极融入新一轮科技革命，规划数字产业新高地，拓展数字应用场景，提升数字安全水平。推进“一张蓝图管全域”，实现规划在图、设施在网、市场在线、生态在建、平台在撑。

## 三、加强规划衔接

加强生态产业规划与总规、国土空间规划以及其他专项规划之间的衔接，积极推动行政区与经济区分离，在这一过程中注重以粤港澳大湾区、成渝地区双城经济圈、三峡库区（流域）等特殊经济地理区域，推动共同编制生态产业规划和方案、生态环境保护规划和方案等试点，率先探索一批可推广、可复制、可借鉴的经验。设立生态产业发展协调组，研究生态产业规划重点任务、重大改革、重大项目等，建立规划编制和推动规划落实的合作机制。围绕生态产业发展，分领域策划和推进交通、科技、市场、资源环境、公共服务等专项协作。

# 第二节　加强组织统筹

## 一、加强组织领导

坚定不移加强党的全面领导，增强“四个意识”，坚定“四个自信”，做到“两个维护”。充分发挥党总揽全局、协调各方的领导核心作用，把党的领导始终贯穿在生态产业发展规划、实施等重大事项决策全过程。充分发挥地方各级党组织在推进地区生态产业发展中的领导作用和战斗堡垒作用，用好“大党委”“大工委”平台，整合各方力量，组织动员全社会力量参与生态产业、推动生态产业发展，形成强大合力。

## 二、压实各级责任

推动各级各类“十四五”规划和生态产业规划衔接，探索并组织推动编制与生态产业规划相配套的专项规划，将生态产业规划、发展作为地方产业转型升级的重要举措，涉及跨区域的生态产业联动发展可通过党政联席会议等形式明确任务、高位推动。结合实际需求，在相关部门推动设立生态产业专项工作组，加强综合协调、计划制定、推动落实等职责，将生态产业发展任务措施项目化、清单化。建立健全生态产业工作推进机制，结合实际制定具体落实举措，主动对接落实重点任务。

## 三、健全协同机制

推动形成旨在统筹生态产业发展的协调、协作、协同机制，定期召开生态产业专项工作会议，研究产业规划布局、重大产业项目推进、产业配套服务一体化建设等事项，并推动各部门、各地区建立多层次的专项合作机制，对生态产业等重大问题开展深入研究。探索建立生态产业支持政策体系，进一步优化生态产业重大项目及资源布局，加大政策支持力度。

## 四、复制推广经验

总结现代生态产业建设中一批好的试点、好的做法和好的经验，力争形成一批首创性、可复制、可推广的经验，支持各地积极探索创建生态产业开发开放平台，支持产业园区和企业等积极培育研发与生态产业相关的创新型模式和业态，共同探索建设功能性平台载体。

## 第三节 加强要素支持

### 一、加大财税支持

充分发挥财政资金的引领和社会资本撬动作用，引导更多社会资金投入生态产业领域。立足生态产业发展目标和整体规划，以不同阶段培育扶持的引导性产业和新兴产业为重点，建立财政“就业赠款”“无税特区”“免税工业”等相应的倾斜性财税政策，引导区域内外资本和企业向这些地区进行产业集聚，进而带动整个产业体系的转型升级。进一步完善适应生态产业发展需求的金融支持和保障体系，完善融资和担保平台、渠道和手段，解决融资难、融资贵问题。增设金融机构、加大政策性信贷支持力度、推动融资创新和利用国有资本带动社会投资等方式完善生态产业发展壮大的金融支持体系。推动出台生态产业相关的专利成果、科研技术成果直接评估融资的政策。

### 二、做好人才支撑

人才是支撑发展的重要驱动力，是撬动生态产业化转型升级发展的重要力量。搭建引进高层次产业人才的平台和渠道，设立并不断更新具有吸引力的保障性和激励性政策，重点引进与生态产业发展密切相关的高新技术领域和新兴产业领域的战略型人才、领军型人才、管理型人才、技术型人才等。同时，建立灵活的高层次产业人才管理机制，最大限度地支持和帮助高层次人才创新创业。打造好为人才安居乐业的硬环境，创造良好的城市环境、居住环境和生态环境，为人才创建教育、卫生、文化等无缝衔接的公共服务供给体系。进一步出台和实施相应的政策，加大人力资本投入力度，全面优化人力资本发展环境，充分发挥人力资本使用效能，走产学研相结合的发展道路，逐步积累起人才和技术优势。

### 三、强化项目保障

谋划重大项目，积极谋划一批生态产业发展建设重大项目，推动生态产业发展落实落地，推动形成新的增长点。强化项目储备，对创新、环保、基础设施等领域亟需的重大支撑项目进行梳理，做出一批配套发展的政策包、项目包。强化项目招商，大力引进与生态产业相匹配的产业，尤其是产业链、供应链、价值链上亟需完善的产业链。做好项目跟踪，加快项目落地和推进建设，及时解决项目实施中的突出问题。

## 第四节　加强考核评价

### 一、明确牵头部门

生态产业是一个新兴的产业领域，与传统产业门类相比，既有重叠交叉的部分也有超越传统产业分类边界的部分。可在相关部门中单独设立相应的生态农业、生态工业、生态服务业等管理机构，统筹相关管理部门和统一调度相关资源推进生态产业发展。按照“工作项目化、项目清单化、清单责任化、责任人头化”要求，制定生态产业发展任务清单、项目清单和责任清单，协调解决推进过程中的问题。

### 二、优化评价机制

根据生态产业发展特点，修订完善传统产业统计指标体系和评价指标体系，加强动态跟踪、科学评估、适时调整。贯彻落实新发展理念，逐步建立绿色生态目标考核体系、开展生态系统价值核算等，逐步对重点生态功能区的市（区）县取消 GDP 考核，使绿色生态发展成为各级领导干部的政绩导向和全社会的自觉行动。引进咨询机构、科研机构等作为第三方，适时对区域性生态产业发展规划和阶段性成效进行评估评价，供政府及时对相关产业发展政策进行调整和动态管理。

## 三、加强专项督察

压实环保责任，创新党政领导生态环保目标责任制，建立经常性领导干部自然资源资产离任审计制度、生态环境损害责任终身追究制、环境资源保护行政执法与刑事司法无缝衔接机制，强化生态文明考核追责，促进环保责任落实到人、追责问责落实到位。加强人民群众及多元主体监督，建立健全合作事项进展情况和成效定期跟踪评估机制、结果公开机制、社会公众评价监督机制等。

# 后　记

本人接触和关注生态产业领域的过程是偶然的、曲折的但也是必然的。在从事经济咨询研究工作的十余年中，在长期的规划和决策咨询研究工作过程中，本人见证了政界、学界对生态绿色发展的认识深化、对产业转型升级的逐步重视，以及从面上到点上、从粗放到精细、从零散到系统的演变。与此同时，2018—2019 年，本人有幸结识了生态研究领域的部分资深研究学者，结合已有的研究理论功底、已有的经济咨询工作经验，进一步拓宽了对生态产业等领域的研究视野，并开始对这一领域逐步产生研究兴趣。2019—2020 年，本人先后成功申报并立项了《三峡库区（流域）现代生态农业体系构建及发展路径研究》（重庆市社会科学规划博士培育项目，项目编号：2019PY39）、《基于“两化”的成渝地区双城经济圈全域现代生态工业体系构建研究》（重庆市技术预见与制度创新项目，项目编号：cstc2020jsyj－zzysbAX0035）等两项省部级课题，分别围绕三峡库区（流域）现代生态农业、成渝地区双城经济圈全域现代生态工业进行专项研究，进一步深化了对该领域的认知和研究，本书也是在上述基础上拓宽而形成的成果之一。

本书的成果转化得到了重庆投资咨询集团相关领导和同事的关心和支持，在此特别感谢重庆投资咨询集团宾世清副总经理、青静娴高级工程师等领导和同事的大力帮助和支持。同时，在课题成果的转化和本书的编写过程中，尤其得到了长江上游［流域］复合生态系统管理创新团队、重庆市区域经济学会、重庆财经学院等团队和单位的大力支持，在此特别感谢重庆市储备粮管理有限公司李桑董事长、云南大学文传浩教授、重庆大学罗章教授、重庆财经学院罗胤晨教授、重庆市发展和改革委员会罗恒副处长、重庆市社科院唐于渝副研究员以及重庆市综合经济研究院曲燕副研究员、邹於娟副研究员、陈殊助理研究员等专家学者的亲切指导和帮助。科研是辛苦的、枯燥的、耗时的，最后特别感谢我的家人在背后一直默默地支持和付出。

书山有路勤为径，学海无涯苦作舟。科研之路如崇山峻岭，需一步一个脚印前行。由于知识的局限性，本书还存在诸多的不完美，还请各位读者海涵。同时希望这只是一个起点，更好的风景在前方。

王 春

2022 年 3 月